CHARLES SANNAT

LA MÉTHODE INFAILLIBLE POUR INVESTIR DANS L'IMMOBILIER

CHARLES SANNAT

Charles SANNAT est diplômé de l'École Supérieure du Commerce Extérieur et du Centre d'Études Diplomatiques et Stratégiques. Il commence sa carrière en 1997 dans le secteur des nouvelles technologies comme consultant puis Manager au sein du Groupe Altran – Pôle Technologies de l'Information-(secteur banque/assurance). Il rejoint en 2006 BNP Paribas comme chargé d'affaires et intègre la Direction de la Recherche Économique d'AuCoffre.com en 2011 et crée le *Contrarien Matin*.

En 2015, il fonde le site **www.insolentiae.com** site de décryptage impertinent et humoristique de l'actualité économique qui diffuse une édition quotidienne gratuite. En 2019 il lance la chaîne YouTube *Insolentiae.TV* avec un JT de l'éco diffusé chaque semaine.

LA MÉTHODE INFAILLIBLE POUR
INVESTIR DANS L'IMMOBILIER

Publié par Le Retour aux Sources
www.leretourauxsources.com

© Le Retour aux Sources – Charles Sannat - 2020

Chapitre I - Les bases de l'investissement immobilier

INTRODUCTION

Le patrimoine immobilier tient une place toute particulière aussi bien dans le patrimoine des ménages que dans le cœur des Français. Souvent et c'est d'ailleurs l'un des pièges insidieux de l'immobilier, il y a un attachement fort qui se crée à la propriété immobilière en particulier lorsque l'on parle de la résidence principale.

C'est « MA » maison, là où j'ai élevé mes enfants, jamais je ne quitterai « MA » maison, et c'est ainsi que l'immobilier se transforme souvent en prison.

L'immobilier c'est également le célèbre "coup de cœur", celui qui fait acheter un bien que je qualifierais d'asymétrique ! Un bien facile à acheter, mais nettement plus difficile à revendre ! !

L'immobilier c'est donc une valeur d'usage, le placement dans le lequel il est possible d'habiter contrairement à son contrat d'assurance-vie, qui reste un placement purement financier dont la valeur d'usage ne provient que de la contre-valeur de votre contrat exprimée en monnaie.

L'immobilier c'est aussi est surtout presque le seul moyen à disposition des gueux, de Madame et Monsieur "toutlemonde" pour se constituer un peu de patrimoine avec de l'argent qu'ils n'ont pas !

Entendez par là que les banquiers prêtent assez facilement pour deux types d'achats. L'achat de votre voiture car tant qu'elle n'est pas payée elle est gagée. La banque en est propriétaire jusqu'à la dernière traite et l'immobilier parce qu'avec les hypothèques le principe est exactement le même. La maison appartient à la banque jusqu'à la dernière dette !

Mais, l'immobilier est la seule possibilité réellement offerte à presque tous les gueux du bas pour pouvoir créer du patrimoine avec l'argent des autres car c'est bien de cela qu'il s'agit !

Vous allez globalement pouvoir, si les choses se goupillent bien, vous constituer un patrimoine qui sera payé et financé avec de l'argent que vous n'avez pas. Ce sera l'argent des banques qui vont vous prêtez, de l'État qui vous fera quelques réductions fiscales si vous faites des travaux par exemple ou encore celui de votre locataire qui va, à travers son loyer, vous assurer un flux de revenus qui vous permettra de rembourser le banquier.

Ne vous focalisez pas sur la fiscalité (il faut l'optimiser évidemment) parce que ce n'est pas l'enjeu primordial.

L'enjeu réel, c'est de vous constituer un patrimoine avec l'argent des autres.

C'est encore plus pertinent dans un monde de taux bas et où les rendements financiers sont proches de zéro pour l'épargne sans risque.

Voici donc une méthode infaillible recensant l'essentiel de ce qu'il faut faire et ne pas faire en immobilier, avec évidemment des conseils pratiques, des retours d'expérience, mais aussi les outils et les techniques à connaitre.

SI C'ÉTAIT SIMPLE TOUT LE MONDE LE FERAIT

En ces temps troublés, la pierre est évidemment une valeur refuge particulièrement populaire, d'autant plus dans un contexte de taux d'intérêt bas.

Mais l'immobilier n'est pas uniquement une valeur refuge, ou le placement que l'on fait lorsque l'on est en manque cruellement de créativité patrimoniale.

L'immobilier un immense, un terrible, un colossal avantage. Il est le seul placement autorisé aux particuliers permettant de recourir à l'emprunt et donc au levier de la dette.

Vous ne pourrez pas obtenir de crédit à votre banque pour acheter des actions en bourse, ou encore des crypto-monnaies, ou même pour investir dans votre propre création d'entreprise et par exemple financer votre stock de produits à vendre dans votre boutique.

Les banquiers ne financent que des actifs sur lesquels ils peuvent prendre ce que l'on nomme pompeusement dans le langage juridique des « garanties réelles » ou des « suretés ». En clair, le banquier financera une voiture ou une camionnette qu'i pourra « gager » et « saisir » et il fera de même avec un appartement ou une maison qu'il pourra hypothéquer.

Vous allez me dire, « oui, mais il ne faut point trop s'endetter » ! !

C'est à la fois vrai et faux.

Vrai car de toutes les façons, en soit, la dette fragilise évidemment un foyer et l'endettement doit rester totalement maîtrisé.

Tout dépend comment vous allez articuler votre taux d'endettement, si vous allez avoir des revenus en face, quel sera l'impact de la fiscalité et enfin conséquence ultime le montant que vous aurez chaque mois éventuellement à injecter dans vos affaires immobilières pour équilibrer vos investissements.

Cela porte un nom. Le taux d'effort.

« Si tu n'as rien à cacher tu n'as rien à craindre », ou si « c'était si simple, tout le monde le ferait » ! !

Il y a aussi la variante « si c'était facile tout le monde le ferait »…. Voici le genre de phrases que l'on peut entendre et qui confondent affirmations et argumentations.

La réalité c'est que jamais ou presque l'investissement dans l'immobilier n'a été aussi facile à défaut d'être simple et je vais revenir sur la différence entre facilité et simplicité.

Ce qui est évident, c'est que le contre-argument consistant à dire que « si c'était si simple, tout le monde le ferait ! ! » est une fausse excuse qui cache généralement une difficulté à passer à l'acte, car, c'est tellement simple, qu'il y a tout de même beaucoup de propriétaires en France, la preuve par... le nombre de locataires ! !

Des dizaines de raisons pour ne pas faire...

Le fond du sujet, c'est que beaucoup de gens par peur, par manque de culture patrimoniale ou financière n'ose pas se lancer dans l'investissement immobilier car ils voient les dizaines de raisons pour lesquelles ils pourraient avoir des difficultés.

Fiscalité que beaucoup jugent confiscatoire sur les loyers sans oublier l'IFI, les déclarations 2044 normales ou spéciales précises et fastidieuses, contrôle fiscal, les loyers impayés, dégradations du logement, squat, entretien quotidien, éviers bouchés, clefs perdues ou cassées, nous pourrions continuer cette liste des tracas quotidiens de l'immobilier presque à l'infini.

Pourtant, il y a des propriétaires qui louent à des locataires.

Pourtant, il y a aussi des épargnants qui s'enrichissent considérablement grâce à l'immobilier qui est l'un des seuls actifs que l'on peut faire financer par la banque sans difficultés et ainsi générer des revenus avec de l'argent que l'on n'avait pas.

Pourtant il y a des centaines de bailleurs publics et privés qui gagnent des sommes monstrueuses avec l'immobilier, sans même parler des promoteurs.

Pourtant il y a un site comme Airbnb qui prospère sur la location meublée et bouscule toutes les grandes villes dans le monde entier en y déstabilisant même les marchés.

Surtout ne va pas te mettre dans cette galère ! !

Vous entendrez des proches vous mettre en garde contre le crédit, le crédit c'est dangereux, c'est horrible, c'est mal, en plus les banquiers sont des salauds qui vont vous spolier de votre bien à la première crise venue. Même que les taux bas sont un piège qui est vous est tendu et une fois que vous serez ferrés dedans, vous serez éviscérés patrimonialement parlant et vous périrez dans d'horribles souffrances.

Les taux bas, et j'en ai parlé maintes fois, sont bien un piège, mais justement c'est un piège pour les épargnants qui comptaient sur un rendement financier et facile, sans effort via des fonds obligataires (type fonds euros en assurance-vie).

Ici, il ne faut pas confondre crédit pour financer un passif, du type le dernier coupé-cabriolet fort chouette mais qui va perdre 30% dès son premier tour de roue, avec le financement d'un actif qui lui génère un « cash-flow » positif (il faut parler de flux de trésorerie en bon français).

Alors l'immobilier c'est simple, mais ce n'est pas facile du tout !

Simple ou facile ? Simple et facile ? C'est simple, mais est-ce facile ? La différence entre ces deux idées est à la base de beaucoup de confusion.

Il est simple d'acheter une maison ou un appartement, vous allez dans la première agence immobilière du coin, vous signez une promesse de vente et vous allez voir votre banquier pour vous financer le tout. Dans 3 mois vous aurez les clefs et serez un heureux (ou pas) propriétaire !

Il n'y a rien de plus simple que d'acheter un bien immobilier, "Yaka" faire un (gros) chèque !

Mais ce n'est pas facile...

Ce n'est pas facile de faire le bon choix et d'acheter le bon bien au bon endroit au bon prix. Ce n'est pas facile de trouver le meilleur financement ou le meilleur courtier. C'est encore moins facile de trouver le bon locataire, d'avoir le bon rendement, le bon "cash-flow". Ce n'est pas facile de mettre en place des stratégies fiscales d'évitement ou de développement à long terme de votre patrimoine, ce n'est pas facile de supporter les aléas et de les gérer au mieux, ce n'est pas facile de connaitre la législation, d'assurer ses biens contre tous les risques y compris locatifs ou d'impayés sans oublier les dégradations.

En fait gagner de l'argent n'est pas facile.

Gagner de l'argent n'est pas facile et c'est très moral ! !

En réalité c'est finalement moralement plutôt "juste" que de voir des taux proches de zéro pour tous les rentiers "financiers" qui "achètent" une assurance-vie, ne fichent rien de leur année, et fin décembre perçoivent 12% d'intérêts ! ! ! C'est ce qui se passait au début des années 90 ! Les taux dans les contrats d'assurance-vie dépassaient les 10% et il n'y avait pas d'inflation ! ! Il y avait même des primes (balladurette et Jupette à l'époque) pour acheter des voitures neuves ! !

Aujourd'hui il faut "travailler" "investir" pour gagner de l'argent et en plus si vous en gagnez, vous savez quoi ? Il faudra payer des impôts ! Oui, je sais c'est horrible et affreux, cela m'agace autant que vous, mais je préfère payer beaucoup d'impôts (même si je trouve les taux confiscatoires) plutôt qu'être non imposable ! !

En plus vous avez même parfois un contrôle fiscal et je sais de quoi je parle ! !

C'est simple donc, ce n'est pas facile, mais c'est faisable, même avec l'argent que l'on n'a pas et que l'on peut emprunter à pas cher, en ... limitant les risques principaux !

Mais alors pourquoi tout le monde ne le fait pas ?

Essentiellement par manque de culture financière et parce que beaucoup de peurs rentrent en jeu, et notamment la plus grande d'entre elle qui est de perdre ce que nous avons déjà durement acquis ! !

C'est l'approche "je préfère ne pas tenter le diable", ou encore "ne prenons pas de risques".

J'ai passé des années en tant que banquier à observer et voir mes clients "riches" devenir de plus en plus riches. Vraiment.

Je les ai vu faire. Littéralement.

J'ai vu leurs patrimoines se constituer, grandir, grossir et devenir plantureux.

J'ai toujours regardé et observé ce qu'ils faisaient.

En réalité je leur dois beaucoup, et malgré ça j'ai mis des années (pour ne pas dire des décennies) à "franchir le pas" et à essayer de faire "comme eux" !

Pour résumer, on ne le fait pas pour deux raisons principales. La première c'est que l'on a peur de perdre le peu que l'on a déjà, la seconde c'est que l'on ne sait pas par où commencer ni comment le faire.

Dans ce manuel pratique consacré à l'immobilier, je vous livre le condensé d'expérience et d'analyses qui va vous permettre d'avoir moins peur à défaut de ne plus avoir peur du tout, de savoir par quel bout prendre votre constitution de patrimoine immobilier, et de vous donner les grands paramètres à maîtriser, les outils à connaitre, les erreurs à ne pas commettre.

Bref, ce manuel est un condensé de retour d'expérience pour déjouer les pièges les plus courants et qui vous donnera une méthode et les informations pour bien démarrer. Ce livre est en réalité une formation complète qui vous fera gagner un temps précieux.

Pour réussir dans l'immobilier, vous allez devoir apprendre à doser votre risque, à maitriser votre endettement, acquérir les techniques de gestion locatives et les choses à faire ou ne pas faire.

Cet ouvrage à l'efficacité jamais égalée va vous apprendre à devenir un investisseur immobilier averti et efficace.

Après avoir lu ce livre, vous aurez en main tous les outils nécessaires à votre succès et vous serez enfin en capacité d'exprimer tous vos talents.

Je vous en souhaite une bonne lecture, et n'hésitez pas à partager tous vos témoignages et expériences heureuses et moins heureuses pour enrichir les connaissances de tous.

Merci.

LES FAUSSES CROYANCES

J'ai autour de moi deux catégories personnes. Celles qui développent une culture de l'investissement, une volonté de développement patrimonial et qui en un mot ont envie de s'enrichir.

Les autres, nettement plus nombreuses trouvent toutes les excuses au monde pour ne jamais se lancer, ne jamais investir et ne jamais prendre de risque car au bout du compte, les premiers vont prendre des risques fussent-ils plus ou moins maitrisés, et les seconds, eux, se mettront à l'abri des problèmes et donc bien souvent du retour sur investissement.

Sur 20 ou trente ans, durée réelle de la construction d'un patrimoine et d'une fortune, la différence est absolument colossale.

Alors, cassons, quelques fausses croyances et pour être un peu provoquant, je vous propose de casser le premier frein à l'investissement et à la richesse qui est le frein moral.

Gagner beaucoup d'argent c'est moralement pas bien et condamnable ! !

Et bien c'est totalement faux et vous ne trouverez pas une seule religion à part le socialisme (mal compris et c'est le cas) qui vous interdit de devenir riche.

La richesse et la propriété sont à la base des 10 commandements ! ! ! Le commandement « tu ne voleras point » consacre de façon évidente le principe de propriété privée, on ne peut voler que ce qui appartient à autrui c'est une évidence. Encore faut-il la rappeler.

Le commandement « tu n'envieras point » montre sans ambiguïté que ce n'est pas la richesse qui pose problème… mais le fait que le pauvre envie le riche d'à côté ! !

Nous pourrions faire de l'exégèse à l'envi des paroles divines et ce dans toutes les grandes religions, nous arriverions aux même conclusions, y compris pour la solidarité.

Les religions, et la morale ou les morales qui en découlent, impliquent simplement et c'est énorme une attention particulière à porter aux plus pauvres, aux plus faibles et aux plus démunis.

Parce qu'il est devenu riche, et qu'il a beaucoup, il sera demandé plus au riche qu'à celui qui n'a rien, ce qui semble assez évident et plein de bon sens.

Gagner de l'argent n'est pas mal, ce qui est important c'est ce que vous en ferez.

Maintenant donc, vous pouvez aller gagner des sous et développer votre patrimoine en n'ayant pas peur de partir en enfer pour exploitation des masses laborieuses et de pauvres locataires innocents (sauf si vous êtes marchands de sommeil, mais c'est un autre sujet).

Il faut-être riche pour investir

Dans votre entourage, vous constaterez sans doute que ceux qui sont devenus propriétaires, ne sont pas fondamentalement plus riches ou plus pauvres que ceux qui restent locataires.

Propriétaire ou locataire, cela est surtout la conséquence d'un choix personnel et d'une prise de risque qui n'est pas liée au fait d'avoir ou pas de l'argent.

Aujourd'hui il est possible de financer une acquisition sans apport personnel ou presque et de profiter de taux très faibles.

Jamais investir dans l'immobilier n'a en réalité été aussi facile. Cela ne veut pas dire qu'il faut le faire, cela veut simplement dire que vous n'avez pas d'obstacles financiers insurmontables à franchir pour y arriver.

Un placement immobilier qui dispose d'une rentabilité suffisante pour rembourser les mensualités de crédit avec le montant des loyers perçus et qui générera même un léger bénéfice sera financer par les banques sans trop de difficultés, d'ailleurs, si votre taux d'endettement ne dépasse pas les 33 à 35% vous êtes à peu près sûr de trouver une banque qui financera votre projet.

Je ne peux pas investir dans la pierre, je ne suis pas encore propriétaire de ma résidence principale !

C'est sans doute l'un des points les plus bloquants, et qui peut se discuter presque indéfiniment avec des débats sans fins ou les deux camps peuvent avoir raison ! !

Effectivement on peut penser qu'être propriétaire de sa résidence principale est le meilleur investissement à faire à court terme plutôt que de payer des loyers et comme le dis le dicton populaire « et jeter son argent par les fenêtres ».

Sauf que ce raisonnement n'est que partiellement vrai.

Tout d'abord dans de nombreux endroits, si l'on prend en compte le fait qu'au départ, dans un crédit on ne rembourse presque que des intérêts et pas du capital, que la durée moyenne de détention d'un bien n'est que de 7 ans, et qu'il faut payer des frais de notaires importants, si vous restez par exemple moins de 3 ans dans un secteur, vous n'avez strictement aucun intérêt à acheter un bien, sauf bien sur si le marché immobilier est orienté à la hausse et qu'il prend 10% par an, ce qui n'est jamais une évidence.

Ensuite, lorsque vous achetez votre résidence principale, vous allez presque dans tous les cas, utiliser la totalité ou presque de votre capacité d'endettement les fameux 33% de vos revenus sous forme de remboursement d'emprunt, pour justement acheter votre résidence principale, tout en sachant que le loyer que vous payez vient en déduction de vos revenus quand vous faites votre demande de crédit, mais que les loyers que vous allez percevoir vont rentrer, eux, en revenus dans vos comptes ! ! !

Résultat final, rester locataire vous rend plus facile le fait d'investir dans la pierre pour faire du locatif et vous générer ainsi des revenus.

On voit donc que si la logique veut que l'on investisse d'abord dans sa résidence principale, certains raisonnent autrement et préfère d'abord investir dans du locatif pour générer des revenus, louer un bien petit et le moins couteux possible et se priver pendant quelques années pour profiter plus tard.

Ce n'est ni bien ni mal. Cela montre juste qu'il y a plusieurs façons de voir le même sujet !

Dernier élément de réflexion à soumettre à votre sagacité, qu'est-ce qu'un investissement ?

Peut-on « investir » dans sa résidence principale ?

Bien souvent, nous utilisons de façon impropre certains mots et concept.

Un investissement doit rapporter ! C'est même sa caractéristique première.

Voici la manière dont le Larousse définit la notion d'investissement : « décision par laquelle un individu, une entreprise ou une collectivité affecte ses ressources propres ou des fonds empruntés à l'accroissement de son stock de biens productifs »...

Il doit donc y avoir un retour sur investissement, et le fait « d'économiser » les loyers en étant propriétaire ne suffit pas à faire de la résidence principale un « investissement » au sens propre du terme.

Je n'y connais rien à l'immobilier

Je n'y connais rien, je ne suis pas un « professionnel » et je suis encore moins un « expert » !

Définissons le mot expert :

« Expert, venant du latin expertus, éprouvé, reconnu, ayant fait ses preuves, et du grec "kratos", pouvoir, autorité. L'expert est une personne qui maîtrise parfaitement son domaine de compétence, qui dispose de connaissances approfondies et une solide expérience. C'est un spécialiste reconnu qui réalise des études et des constatations et à qui l'on demande conseil »...

Vous n'êtes pas expert effectivement, et il vous faudra des années pour le devenir, mais c'est en forgeant que l'on devient forgeron, et on ne nait pas expert, on le devient ! !

L'expertise comme le professionnalisme sont des processus d'acquisition de compétences liées à l'expérience.

Vous seriez surpris du nombre de « professionnels » de l'immobilier qui vendaient encore la veille des raquettes chez Décathlon ou faisaient les marchés à 5 heures du matin ! ! !

N'ayez pas de sentiments d'infériorité, vous pouvez devenir un « expert » de votre patrimoine immobilier, mais cela nécessitera du travail, de l'investissement, de la réflexion (beaucoup) et le cycle classique de l'apprentissage fait d'expérimentation et d'erreurs qui permettent la progression et au bout du compte la réussite !

Pour devenir un expert, commencez par la lecture de ce livre ! À l'issue de votre lecture vous en saurez plus que 95% de la population, et vous saurez comment y prendre, vous connaître les grands principes et la théorie et de façon générale presque tout ce qu'il y a à connaître et que peu de personne vous expliqueront.

Avec le temps vous deviendrez un expert. En fait il ne tient qu'à vous de le devenir si vous le souhaitez, mais ne pas l'être ne doit pas être une excuse pour ne pas le devenir ! ! !

LES PRINCIPES DE "L'OBSOLESCENCE IMMOBILIÈRE"...

Avant de vous parler de l'obsolescence immobilière de manière générale et conceptuelle je voulais vous l'illustrer d'abord par un exemple dont je pense que nous serons amené à en reparler dans les années qui viennent comme un cas d'école que l'on pouvait anticiper. Je pense au cas des... parkings qui ont tellement le vent en poupe ces derniers temps et pour cause ! Le parking c'est zéro emmerde ou presque dans l'immobilier ! !

L'exemple des parkings !

Ils sont l'exemple même de l'obsolescence des usages et en sont une parfaite illustration.

Aujourd'hui, toutes les grandes villes pour des questions environnementales, écologiques mais aussi de saturation des infrastructures routières tentent de faire reculer la place de la voiture et augmenter celle des transports en commun.

L'arrivée des voitures autonomes, le développement de la location y compris celle de longue durée, changent considérablement le rapport personnel avec la voiture dans les grandes villes. Elle devient un objet utilitaire plus qu'un objet de représentation et de projection de son image.

Chez tous les constructeurs les véhicules vont devenir autonomes, électriques et automatiques. L'action du conducteur va se réduire.

Dans les grandes métropoles, les chauffeurs Uber pour le moment et après Uber sans les chauffeurs viendront vous chercher à la demande et à votre convenance. Vous paierez à l'usage.

Ce sont des milliers de parking qui risquent de ne plus servir à rien et qui finiront par être transformés en box de stockage et en simple cave.

Il a fallu 20 ans à Internet pour s'imposer. Internet a été réellement fonctionnel vers 1995. En 2005 soit 10 ans après c'était le début du haut débit connu sous le nom d'ADSL. Puis en 2015, c'était le développement exponentiel du e-commerce qui s'est installé durablement et naturellement dans nos usages quotidiens.

La révolution Internet a été un mouvement de 20 ans. Il en va de même pour la conduite autonome. Elle sera la norme d'ici 20 ans. D'ici 10 ans les premiers changements seront significatifs et palpables. D'ici 5 ans, il est possible que la demande de parking chute considérablement.

Conclusion ?

Mieux vaut s'abstenir de miser le développement de son patrimoine immobilier sur l'achat massif de parking.

Il faut aussi savoir pourquoi les gens trouvent l'achat de parking miraculeux... tout simplement parce que c'est facile.

Facile de gestion car il n'y a pas de WC bouchés dans un parking.

Facile parce que dans un parking on y loge une voiture et pas une famille, expulser ce n'est pas la même complexité.

Facile parce que d'une façon générale louer un parking c'est sans « emmerdes ».

C'est donc de l'argent facile.

Mais l'argent facile, cela dure rarement longtemps et ce n'est pas une stratégie de long terme. Pire, c'est souvent très lucratif au départ, puis c'est le bouillon à l'arrivée

Obsolescence de vétusté

La conception de votre logement n'est plus "actuelle", héritée des années 30 par exemple, il y avait beaucoup de pièces mais généralement petites ! Un petit salon et une petite salle à manger et un petit "boudoir" et plein de pièces mais pas de grands espaces... aujourd'hui les gens réclament de "grands" espaces et les maisons se "décloisonnent". Rien ne dit d'ailleurs que ce mouvement ne soit très durable, car avec la "précarité" énergétique, il est plus facile de chauffer 40m² que 200 ! ! Mais aujourd'hui on décloisonne !

Ce qui ne l'est pas n'attire plus aussi bien les acheteurs que les locataires.

Autre élément, évidemment ce qui est "décoratif". Le papier peint des années 70 on en trouve encore, mais le "jaunasse" des années 90 encore plus et c'est totalement passé de mode surtout les espèce de crépis d'intérieur assez immonde il est vrai ! Mais c'était au "top" il y a 20 ans (déjà...)

Beaucoup d'acheteurs n'arrivent pas à se projeter ce qui a donné lieu au mouvement du "home staging" ou de la réfection à moindre coût pour présenter au mieux son bien à la vente mais c'est valable pour la location aussi.

Obsolescence énergétique

Les logements mal isolés, mal chauffés, ou avec de mauvais diagnostics énergétiques trouveront de moins en moins facilement preneurs et d'ailleurs cela rejoint le point suivant consacré à l'obsolescence normative.

Rares sont les logements classés A en gaz à effet de serre et autres émissions et bien classés également en économie d'énergie. Dans tous les cas, cela coûte de plus en plus cher de se chauffer et il est assez logique que cela devienne une demande forte de la part des locataires que de louer des logements bien isolés et aux charges maitrisées, ce qui est rarement le cas dans les copropriétés de nos grandes villes.

Mais vous voyez la logique. Les logements mal isolés perdent en compétitivité sur le marché par rapport à ceux qui le sont bien !

Obsolescence normatives

C'est sans doute la pire des obsolescences et sans doute la plus injuste. Vous achetez de bonne foi un logement classé B en énergie, puis on change les normes et vous revendez un logement classé C ou même parfois pire !

Mais ce n'est pas la seule norme qui vient rendre "obsolète" votre logement. Par exemple on veut désormais définir une chambre en prenant en compte une surface de 9m². Or il existe pléthore d'appartements en zone urbaine ou de vieilles maisons dans de "vieux" coin de France où les chambres sont petites et atteignent rarement les 7 ou 8m².

La décence d'un logement n'a rien à voir avec la taille des chambres quand il existe d'autres pièces dans la maison. Évidemment, cette règle des 9m² consiste à dire dans l'esprit que si vous louez un bien il doit faire au minimum en tout 9m² ce qui reste moins que la surface utile d'un... camping-car ! Si demain l'État décide qu'une chambre c'est 10m² et il le décidera un jour ou l'autre que ferez-vous de vos appartements de 3 chambres de... 9m² ! Surface déjà bien assez grande au prix du m² en région parisienne.

Obsolescence des usages

Ce sont les grandes mutations. Par exemple on préfère une maison à un appartement, ou encore on préfère s'éloigner et vivre plus à la campagne et moins à la ville, ou encore on veut "re-vivre" à la campagne

Obsolescence de la ville...

Je crois profondément à l'obsolescence de la ville héritée de la révolution industrielle telle que nous la connaissons. Si c'est ma conviction et avant de vous présenter mes "arguments" sachez que certains comme Robin Rivaton pense l'inverse.

Pour lui, l'avenir est aux grandes villes, et comme cela coûte cher les grandes villes "yauraka" mettre une nouvelle fiscalité pour faire baisser les prix...

Laissons-lui la parole et je vous reproduis ici l'interview qu'il a donnée récemment dans le magazine *Le Point*.

Point de vue de Robin Rivaton : « les êtres humains rejoignent quelques villes, les plus grandes »

Interview. Pour Robin Rivaton, la métropolisation est inéluctable, mais il faut lutter contre la crise du logement et la fracture entre urbains et ruraux.

L'essayiste et entrepreneur Robin Rivaton. © Hannah Assouline / Éditions de L'Observatoire.

Propos recueillis par Thomas Mahler[1] Publié le 22/05/2019 à 09:20 | Le Point.fr

Allons-nous tous finir dans les métropoles ? Dans son passionnant *La Ville pour tous* (éditions de l'Observatoire), Robin Rivaton analyse ce mouvement de fond qu'est la concentration de personnes comme de richesses dans les grandes villes, un phénomène qui, contrairement à ce qu'on peut penser en France où l'on se considère comme une exception jacobine, est mondial. Alors que moins d'un humain sur dix était citadin en 1900, ils seront deux tiers en 2050. L'essayiste et entrepreneur, ancien conseiller de Valérie Pécresse, assure qu'il ne sert à rien de vouloir revenir en arrière en cultivant la nostalgie du village et de ses clochers. Une métropolisation heureuse est, selon lui, possible, à condition de lutter contre l'explosion des prix de l'immobilier et de favoriser la mobilité. Gare, sinon, à la fracture entre deux sociétés, l'une urbaine, l'autre périphérique, de plus en plus opposées. Entretien.

Le Point : En 1900, moins d'un humain sur dix vivait en ville. En 2007, les citadins sont devenus majoritaires au sein de la population mondiale. Et, en 2050, selon les projections, ils seront deux tiers. L'urbanisation est-elle un phénomène inéluctable ?

Robin Rivaton : Cette migration vers les villes est pour moi le phénomène majeur des dernières années, qu'on ignore souvent en pointant du doigt le numérique ou la mondialisation. Plus que

---

[1] https://www.lepoint.fr/journalistes-du-point/thomas-mahler

l'urbanisation, d'ailleurs, c'est une vraie métropolisation. Les êtres humains rejoignent quelques villes, les plus grandes. Quatre cent dix-sept villes comptent plus d'un million d'habitants et trente-trois, plus de dix millions, rassemblant un être humain sur huit. On constate cela dans les pays émergents avec les mégalopoles Lagos, Le Caire ou Mexico, mais aussi dans nos propres pays développés avec une concentration de l'activité économique, des opportunités de progression sociale et de la croissance démographique. Aujourd'hui, l'Île-de-France, c'est la moitié de l'excédent démographique de la France alors qu'elle ne représente « que » un habitant sur cinq. On voit bien le dynamisme de ce territoire en sachant que la population y est jeune et qu'elle fait donc des enfants. Ce phénomène de métropolisation dicte largement la conduite du monde, mais on a parfois tendance à l'oublier.

Toujours plus nombreux en ville

Pourcentage de la population vivant en zone urbaine en France

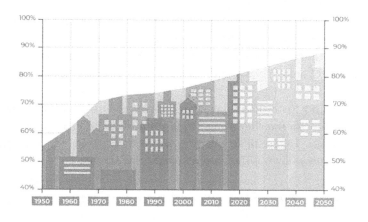

Source : Nation Unies, département des affaires économiques et sociales (2018)

Un cliché a longtemps expliqué que la prédominance de Paris et l'Île-de-France était une exception française, du fait de notre histoire centralisatrice...

Ce macrocéphalisme, c'est-à-dire le poids exagéré de la région capitale, ne cesse de se renforcer et n'est pas une exception française. Chez nous, on a tendance à se l'attribuer en pointant du doigt le jacobinisme. La réalité, c'est que la concentration de l'activité se retrouve dans la quasi-totalité des pays du monde. Paris et Londres représentent plus de 30% de l'économie nationale. Moscou 26%, Casablanca 29%, Istanbul 30%. Quand ce n'est pas une ville, c'est un duo qui domine. Tokyo pèse 24% de la richesse japonaise et Osaka, 10%. Toronto 20% et Montréal 10%, au Canada. La seule exception notable est l'Allemagne. Berlin ne pèse que 4% de l'économie allemande, mais c'est dû à l'histoire, avec une unification tardive du pays et, bien sûr, des guerres qui ont entraîné des occupations étrangères. Mais, avant la Seconde Guerre mondiale, Berlin était aussi une métropole macrocéphale. Le sociologue Georg Simmel popularisa même le terme de métropole pour qualifier cette capitale dont la population avait pratiquement doublé en l'espace de deux décennies à la fin du XIXe siècle. Sans la partition du territoire allemand, la situation aurait été similaire. D'ailleurs, les loyers flambent aujourd'hui dans les métropoles allemandes. L'Allemagne a longtemps été épargnée du fait de cette moindre centralité, mais surtout par la perte de 200 000 habitants par an dans les années 2000. Depuis que le pays a retrouvé une croissance démographique positive avec les vagues migratoires, elle aussi est confrontée à un problème de logement. Les prix ont explosé à Berlin, mais aussi à Munich ou à Francfort.

La révolution numérique semblait annoncer le déclin de la géographie. Mais elle a, au contraire, renforcé la concentration sur des territoires, comme le montre l'exemple de la *Silicon Valley*. Comment expliquer ce paradoxe ?

On a cru que le digital et les télécommunications allaient nous permettre de nous affranchir de la géographie. C'est l'inverse qui s'est produit, avec des phénomènes de déplacement de populations et d'occupation de l'espace. Le foncier urbain est la ressource la plus rare au monde, bien plus que le pétrole et l'eau. Beaucoup de gens ont, par exemple, essayé de créer des Silicon Valley bis. La réalité, c'est que peu y ont réussi, si ce n'est les Chinois autour de Beijing avec des quartiers comme Zhongguancun. Les effets d'agglomération permettent une meilleure circulation des informations et une capacité à générer des idées nouvelles. Le consensus est aujourd'hui qu'un doublement de la densité d'activité au niveau local permet d'augmenter la productivité des entreprises et les salaires de 2 à 6%. Mais l'élément-clé dans ce retour en force de la géographie, c'est le logement, puisque toutes les métropoles mondiales sont aujourd'hui confrontées à cette crise du logement...

On aurait pu penser que le télétravail permettrait à des citadins de retourner à la campagne...

Cette utopie décentralisée ne s'est jamais concrétisée, car rien ne remplace la communication réelle. Les échanges avec les meilleurs outils électroniques ne peuvent pas contenir autant d'informations qu'une collaboration face à face. Prenez les MOOC, ces cours en ligne ouverts à tous dont on nous a dit qu'ils allaient transformer l'éducation. Quelques années plus tard, on se rend compte que les grandes universités ne se sont jamais aussi bien portées. Quant au télétravail, le nombre d'Américains ayant travaillé partiellement ou entièrement à domicile était de 23% en 2017, le même qu'il y a 10 ans. J'ai bien connu le secteur aéroportuaire en étant chez ADP il y a quelques années. Juste après la grande crise de 2008, on nous annonçait que les entreprises allaient réduire les déplacements aériens de leurs cadres et qu'ils allaient utiliser plus les vidéoconférences. La réalité, c'est qu'il n'y a jamais eu autant de déplacements aériens pour raisons professionnelles. Apple dépense 150 millions de dollars de billets d'avion par an juste depuis l'aéroport de San Francisco !

Cette métropolisation entraîne d'immenses inégalités territoriales. En 2030, les 750 métropoles de plus d'un million d'habitants devraient produire près de deux tiers de la richesse mondiale...

San Francisco, New York, Boston, San Jose et Los Angeles concentrent 80% de l'investissement dans les start-up aux États-Unis. En France, la moitié des emplois du numérique est en Île-de-France. Mais la richesse n'est pas notre plus grave problème, elle peut être redistribuée. Au-delà des inégalités strictement matérielles, ce qu'on voit, c'est l'émergence de deux mondes avec des divergences culturelles et de modes de consommation. C'est cela qui est beaucoup plus inquiétant et engendre de plus en plus de colère chez ceux qui en sont exclus. Ne pas pouvoir appartenir à un monde que l'on nous décrit comme la nouvelle frontière du progrès et de la civilisation, être exclu des nouveaux moyens de transport ou de livraison de repas à domicile, tous ces nouveaux services dont on ne cesse de parler dans les médias, cela crée une grande frustration. Les exemples d'Uber ou des trottinettes électriques sont frappants. Les médias ne cessent de les évoquer, mais cela concerne combien de personnes ? En réalité, ça touche les Parisiens et quelques grandes villes. Pour moi, c'est le moteur des populismes encore plus que les inégalités purement matérielles, car il y a des pauvres au cœur des métropoles comme des riches en zones périphériques. C'est l'évolution de la société plus que les revenus réels qui joue dans cette colère. Pour ceux qui sont restés dans les zones rurales ou pavillonnaires, le sentiment d'être laissés pour compte a remplacé la fierté d'avoir grandi en dehors des grandes villes, loin de tous les méfaits qui leur étaient traditionnellement associés.

Quatre jeunes sur dix ont leur permis à Paris, huit sur dix en zone rurale. Pour vous, les premiers seront les partisans d'une fiscalité écologique, les autres de futurs Gilets jaunes opposés à la loi des 80 km/h...

Ce sont deux visions du monde. Et il semble assez compliqué de pouvoir les réconcilier rapidement. La victoire des partisans du Brexit illustre cette fracture entre la métropole qui a voté massivement contre (60%) et le reste du pays qui a voté pour (55%). En Turquie, Erdogan a le soutien de l'arrière-pays anatolien, alors que les grandes villes Istanbul et Ankara se sont opposées à lui lors du référendum de 2016 sur la présidentialisation du régime et viennent de choisir ses adversaires lors des municipales. En France, on croit souvent que cette opposition est un phénomène qui nous est propre, avec Paris et la province, alors que c'est une évolution mondiale.

Au XIXe siècle, la littérature nous dépeignait des villes sales et corrompues, face à des campagnes propres. Aujourd'hui, c'est une inversion spectaculaire. « Si vous souhaitez économiser les ressources, préférez Manhattan aux banlieues rurales bucoliques », écrivez-vous...

Un grand renversement a eu lieu. Les villes étaient polluées, elles deviennent vertes. On sait que la vie en ville est moins consommatrice en énergie. Cette évolution met fin à ce que l'on considérait comme une utopie – et que je pense être une parenthèse historique : l'étalement urbain et le mode de vie pavillonnaire, que l'on a cru pouvoir offrir à tout le monde. On se rend compte que ce n'est pas soutenable d'un point de vue écologique, du fait du chauffage individuel, du règne de la voiture ou de l'arrosage extérieur. La voiture individuelle est non seulement attaquée avec la hausse des carburants, mais en plus on la bannit des villes si elle n'est pas électrique. Si votre véhicule est un diesel d'avant 2006, Paris vous est d'ores et déjà interdite. Dans trois ans, tous les véhicules diesel seront proscrits, ainsi que les véhicules essence d'avant 2005. Les zones éloignées des villes, qui étaient perçues comme plus saines et proches de l'environnement, se trouvent désormais pointées du doigt. À l'inverse, on améliore considérablement la qualité de vie dans les métropoles. Demain, sans les voitures, elles deviendront des endroits encore plus agréables. Vous aurez tous les avantages économiques et éducatifs et en plus vous n'aurez plus de pollution de l'air et de bruit.

Face à ces inégalités territoriales croissantes, vous fustigez l'illusion de revenir en arrière. Pourquoi ce « mythe du clocher » ne serait-il plus efficace ?

Le village est fantasmé, car très peu d'entre nous peuvent légitimement utiliser l'expression « le village de mon enfance ». À peine un Français sur trois est né en zone rurale, et il y a de fortes chances qu'il ait plus de 60 ans. Nous sommes plutôt les enfants des banlieues pavillonnaires. Les solutions de redistribution territoriale sont indispensables pour aider les villes moyennes. La région francilienne produit d'ailleurs près d'un tiers de la richesse nationale et ne consomme que 22% de la dépense publique. Mais, pour autant, il ne faut pas se leurrer : on n'arrivera pas à recréer un niveau de concurrence égalitaire entre les territoires. L'écart à combler est beaucoup trop important. Il faut être réaliste, et arrêter de penser que taxer les e-commerces sert à quelque chose contre la disparition des magasins dans les zones rurales ou les centres des villes moyennes. De la même façon, il est illusoire de penser que l'aménagement du territoire, avec une politique dirigiste, peut contrecarrer cette évolution. D'une part, l'État ne peut pas forcer les entreprises privées, heureusement d'ailleurs. Déjà, il a eu du mal à décentraliser ses propres administrations (rires). Seul un État autoritaire comme la Chine a la capacité de le faire, et il décentralise les industries très polluantes mais pas les entreprises de services, car il sait très bien qu'il ne peut pas se permettre une perte de compétitivité. Seules les métropoles peuvent attirer certains investissements étrangers, tout en accueillant les meilleurs laboratoires de recherche. La bonne solution, c'est ainsi de permettre à plus de gens d'accéder aux villes dynamiques.

Mais quelles solutions, alors, pour lutter contre la flambée des prix de l'immobilier dans les métropoles ?

Je propose une refonte totale de la fiscalité qui permette à chacun de payer le juste prix de son occupation foncière. On est sur un espace très restreint. Pour des raisons anciennes, des gens ont accumulé des patrimoines importants au moment où la métropolisation n'existait pas.

Ils se retrouvent aujourd'hui dans de grands appartements, alors qu'ils n'ont plus forcément de famille qui vit avec eux. Parce que la fiscalité de l'immobilier est mal faite, ils se retrouvent à payer relativement peu pour cette occupation, ce qui favorise la multi détention d'appartements, au détriment des autres classes d'âge. En trente ans, toutes les classes d'âge ont vu diminuer leurs taux de propriétaires, sauf les plus de 65 ans. C'est quand même un chiffre qui doit nous interroger. Ces personnes ont – légitimement – accumulé un patrimoine au moment où l'on était moins nombreux et où les métropoles n'étaient pas aussi sexy qu'elles ne le sont aujourd'hui. C'est le jeu du marché, mais il faut au moins que ces personnes en payent le juste prix. Il faut s'assurer qu'un logement soit fait pour être habité et non pas pensé comme un juteux investissement. La deuxième mesure serait de permettre une plus forte construction, avec une densification de l'espace.

[Japan] Street view with illuminated advertising boards at night, Shinjuku, Tokyo, Japan. © Mint Images / Mint Images

Mais nos grandes villes ne sont-elles pas déjà saturées ?

Nous sommes très nombreux sur ces territoires urbains, mais je prends souvent l'exemple de Tokyo qui a toujours réussi à augmenter son nombre d'habitants au fil du temps sans que la ville soit invivable, mais en assumant qu'une métropole doit se réinventer régulièrement, qu'une partie du patrimoine et de l'architecture doit être préservée, mais qu'une autre partie puisse être aménagée et évoluer pour permettre à plus de gens de se loger. Aujourd'hui, je pense qu'on peut faire des villes qui répondent à ces besoins, et qu'on a la capacité d'accueillir des individus supplémentaires. La densité à Paris est de 25 000 habitants par kilomètre carré, en enlevant les bois de Boulogne et Vincennes, là où Manhattan s'envole à 30 000 hors Central Park.[2] Ces chiffres sont élevés, mais très inférieurs de ceux de l'époque industrielle, quand Paris avait 32 000 habitants par kilomètre carré et Manhattan, 49 000 habitants. Il faut, par exemple, accepter de construire un peu plus en hauteur, ce qui ne veut pas dire mettre des tours de 25 étages partout. Passer de six, ce qu'on voit couramment aujourd'hui, à huit étages augmenterait déjà d'un tiers la disponibilité des surfaces, ce qui n'est pas anecdotique. Des solutions existent pour permettre une plus forte production de logements. Cela nécessite un certain volontarisme politique et de sortir de ce fatalisme face à cette croissance des prix.

Quid de l'encadrement des loyers, qui est souvent la solution préconisée à gauche ?

C'est une solution qui ne résout pas le problème du manque de logements. On bloque les prix, ce qui n'empêchera pas les propriétaires de vouloir choisir les locataires avec les meilleures garanties et les meilleurs niveaux de revenus. On continuera à exclure des gens du marché, et moins de gens voudront investir dans l'immobilier. On se retrouvera ainsi avec un problème de sous-production. Il est possible d'encadrer les loyers en mode dynamique, c'est-à-dire d'empêcher des

---

[2]   https://www.lepoint.fr/debats/il-n-y-a-plus-de-limousines-a-new-york-18-05-2019-2313460_2.php#xtmc=begle&xtnp=1&xtcr=2

hausses spectaculaires des prix d'un locataire à l'autre. Mais c'est un blocage progressif, pas un blocage absolu fixant les prix.

On salue souvent les édiles des grandes villes dynamiques comme Bordeaux ou Lyon en disant « oui, mais c'est un bon maire, il a fait énormément pour sa ville ». Ce qui vous amuse beaucoup. Pourquoi ?

Heureusement que ces maires-là ont réussi à faire quelque chose alors qu'ils ont bénéficié d'un vent incroyable dans les voiles ! Quand vous avez une population riche, jeune, qualifiée qui arrive dans votre ville de manière continue, c'est plus facile de mener des opérations d'urbanisme pour que votre municipalité ressemble à quelque chose. On a considéré que ces hommes politiques avaient fait des merveilles, alors que leurs villes, qui dans les années 1960-1970 étaient en déshérence du fait d'un fort mouvement de départs vers la périphérie comme de la désindustrialisation, sont de nouveau depuis les années 1990 devenues des moteurs de la croissance avec des services à forte valeur ajoutée. Il serait tout aussi intéressant de voir ce qu'ont réussi les maires de villes moyennes en extrême difficulté...

« La Ville pour tous » de Robin Rivaton
(éditions de l'Observatoire), 185 p., 17 euros.

Source Le Point[3]

---

[3] https://www.lepoint.fr/societe/les-etres-humains-rejoignent-quelques-villes-les-plus-grandes-22-05-2019-2314292_23.php

MA CONTRE-ANALYSE !

S i pour R. Rivaton nous terminerons tous notre vie dans un clapier au 16ème étage d'une tour sans âme, je pense que son analyse fait l'impasse sur de très nombreux phénomènes qui entrainent déjà, et encore plus à l'avenir, l'inverse de ce qu'il annonce.

Tout d'abord jamais le monde n'a connu de villes aussi grosses, aussi denses et aussi importantes dans les économies nationales respectives. Certes elles concentrent beaucoup de richesses, mais avant tout parce qu'elles disposent de sièges sociaux de grands groupes par exemple.

Surtout, les villes sont héritées de la révolution industrielle. Il fallait à cette époque des masses de bras pour initier la production de masse. Aujourd'hui les usines disparaissent les unes après les autres, et il y a bien longtemps que Paris ne dispose plus d'usine vu le prix du m² dans la capitale. C'est en province que l'on en trouve encore et qu'elles font d'ailleurs faillite ou qu'elles ferment en défrayant à chaque fois la chronique.

Il n'y a aujourd'hui plus aucune justification économique en soit aux grandes villes. Au contraire, plus que jamais depuis ces 50 dernières années, il est possible de vivre dans des zones semi-rurales sans être totalement enclavé avec évidemment Internet qui ouvre une fenêtre sur le monde où que l'on se trouve.

La région parisienne perd des habitants

Au moment où vous lisez ces lignes la région parisienne perd par exemple des habitants par milliers chaque année ! Ce phénomène est très logique à comprendre. La région parisienne coûte de plus en plus cher, les revenus ne montent pas, le smic est le même en province, le climat n'est pas génial, c'est pollué et de plus en plus mal famé... bref, de vous à moi hormis pour ceux qui vivent dans de beaux quartiers, il n'y a pas de qualité de vie en région parisienne. Du coup les gens partent et cela se chiffre très précisément dans les statistiques de l'INSEE.

Sur la carte ci-dessous les zones en clair se dépeuplent, celles en foncé se peuplent !

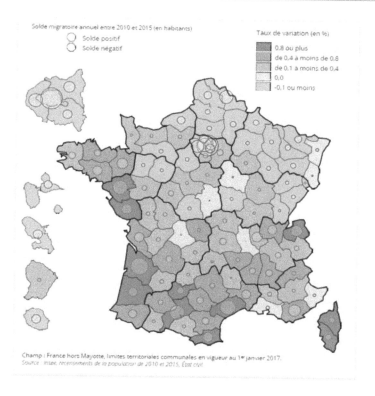

Champ : France hors Mayotte, limites territoriales communales en vigueur au 1er janvier 2017.
Source : Insee, recensements de la population de 2010 et 2015, État civil.

Le vieillissement de la population !

Les baby-boomers vendent, quittent paris et vont s'installer le long des côtes, voir la mer au réveil, et couler des jours plus doux plus au calme, loin du tumulte de la région parisienne en particulier.

À la retraite les revenus baissent et c'est souvent l'occasion de vendre une résidence principale très coûteuse pour aller acheter un bien moins cher, ou même aller occuper une maison de famille héritée des grands parents ou arrières grands parents. Cela libère des fonds et du cash permettant de financer une retraite plus confortable.

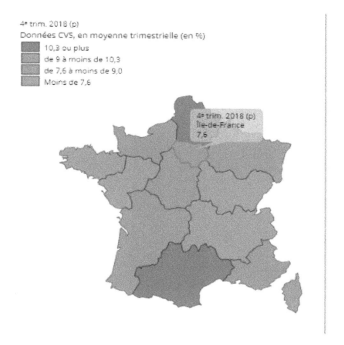

Il n'y aucune raison économique pour que les séniors les moins favorisés restent en région parisienne, et je dirais même que souvent ils n'en ont pas les moyens. Le départ est aussi une nécessité financière.

L'augmentation de la précarité.

Les séniors ne sont pas les seuls à éprouver des difficultés financières en ville ! La précarisation est en réalité un phénomène généralisé.

Pour lutter contre cette précarité financière, de plus en plus de gens intègrent dans leurs réflexions leur localisation de vie.

Certains politiques voudraient changer cette règle, mais le smic est le même à Paris qu'à Tulles, sauf qu'à Tulles un appartement familial coûte 500 euros contre 2000 euros en région parisienne ! Le calcul est vite fait. En reste à vivre les petites villes de Province sont infiniment plus avantageuses que l'Ile de France.

Autrefois "monter à Paris" était presque la garantie d'une carrière réussie, et d'un confort financier certain. Aujourd'hui monter à Paris de même que faire des études (moyennes) ne donne plus aucune garantie de succès.

La précarité est généralisée. Les gens sont des agents économiques qui s'adaptent (ou pas) à des réalités.

Source Insee[4]

Comme vous pouvez le voir sur cette carte le taux de chômage en Ile de France est de plus de 7% et trois autres régions font nettement mieux... Pour être plus clair il y a moins de chômage en Bretagne ! ! !

La qualité de vie est meilleure en Bretagne, l'immobilier moins cher (sauf certains bords de mer), et le niveau de vie aussi ! !

[4] https://www.insee.fr/fr/statistiques/2012804

Le développement du télétravail et de l'auto-entrepreneuriat

Évidemment le télétravail se développe quoi qu'en dise R. Rivaton et il se développe de plus en plus mais... lentement, et c'est normal !

On touche ici au poids des habitudes managériales, au fait qu'il est difficile pour un chef de se sentir chef quand il ne peut pas contrôler physiquement la présence de ses esclaves, pardon salariés dans leurs *open spaces* et l'heure d'arrivée de chacun... Mais il s'agit-là du degré 0 du management, de la confiance, et de la délégation.

Ma conviction est qu'il s'agit ici du management du siècle dernier hérité des modes de fonctionnement des usines, mais que tout cela change bien et changera considérablement le fonctionnement de la société.

Les entreprises veulent du paiement à la tâche et des auto entrepreneurs pour être encore plus flexibles. Elles acceptent déjà le télétravail massif quand il est payé à la tâche. L'ubérisation de la société c'est exactement cela.

Évidemment des changements sociaux de ce type prennent beaucoup de temps et en prendront encore, mais on note une claire accélération, y compris juridique (le télétravail est autorisé par défaut).

La raréfaction des ressources

La ville telle qu'elle est conçue n'est pas éco-conçue... évidemment on sait faire mieux, et R. Rivaton parle de re-densifier. Parfait et pourquoi pas, mais cela pose plusieurs problèmes. Tout d'abord la ville nécessite beaucoup d'énergie et d'alimentation. La ville n'est pas autosuffisante. La ville dépend des ressources qu'elle se fait livrer. Chauffer un immeuble parisien est en réalité le dernier point de l'équation ! ! ! ! On peut survivre avec plusieurs pulls, on ne peut pas survivre sans eau potable ou sans alimentation.

Les parisiens de la Seconde guerre mondiale ont souffert du froid, mais bien plus des pénuries alimentaires.

R. Rivaton part du principe que les villes seront éternellement alimentées et que cela ne sera jamais un problème. C'est peut-être un bon postulat... ou pas !

Si les ressources se raréfient véritablement et nous le saurons sans ambiguïté dans les 10 à 15 ans qui viennent, les villes seront massivement désertées au profit d'un lopin de terre permettant de cultiver un potager et c'est exactement ce qu'il s'est passé (pour d'autres raisons) dans la Russie post-URSS des années 90 !

Le sujet ethnique !

C'est un sujet tabou, et il évident qu'il est très difficile d'en parler, mais il existe une véritable géographie ethnique qui est en train de se faire. L'immigration récente se concentre dans les grandes villes et dans les grandes banlieues où se trouve l'essentiel de l'offre de logements sociaux.

Ceux qui veulent échapper à la "mixité" vécue comme souvent imposée, partent se mettre plus au vert. Ce phénomène est un non-dit, difficilement quantifiable mais c'est un mouvement de fond bien réel, et dont il ne faut pas sous-estimer la force. C'est, à mon sens une lame de fond, invisible mais potentiellement destructrice des équilibres actuels et cela va générer des tendances nouvelles surprenantes.

La preuve par l'exemple bordelais. Bordeaux est la dernière grande ville non gangrénée par des banlieues pourries pour la simple raison que la ville de Bordeaux a totalement raté le virage industriel des années 60 et 70... Du coup, pas d'usine, pas d'ouvrier, pas d'immigration ou peu.

Aujourd'hui Bordeaux pousse très fort pour sa qualité de vie... et les parisiens s'y installent massivement ! Surprenant n'est-ce pas ? Ils ne vont pas à Lyon (qui a le TGV depuis 30 ans) ni à Marseille... Je ne comprends pas pourquoi ! ! L'eau est tellement chaude à Marseille ! !

Conclusion la ville est obsolète !

Les très grandes villes et nous n'avons pas que Paris en France, et de façon générale les mégalopoles sont à mon sens totalement obsolètes !

Une fois que nous avons dit cela, les implications sont simples.

Quel immobilier est peu coûteux aujourd'hui et sera une richesse demain ?

Je pense que l'immobilier semi-rural sera l'un des meilleurs placements immobiliers. Il est aujourd'hui contre-cyclique, c'est à dire que personne n'en veut (enfin on voit bien que la demande frétille sérieusement). Disons que les écarts de prix sont considérables. Vous avez une maison de 150m² dans mon petit coin de Normandie pour même pas le prix d'un studio à Paris ! On parle d'un facteur 10 (au moins).

On voit aussi que dans les Ardennes il y a des maisons à 9000 euros qui ne trouvent pas preneurs. La raison est simple, ces petites villes se meurent et pour le moment rien ne les ranimera.

Il y a un critère pour les éviter. Il faut investir dans des petites villes de 10 à 50 000 habitants pour être larges profitant du dynamisme d'une grande métropole régionale ou de la région parisienne, disposant d'une gare et de dessertes de transports en commun.

CONSIDÉRATIONS GÉNÉRALES

F ace à des taux négatifs qui n'apportent plus de rendement à l'épargne, et grâce à ces taux très bas qui permettent de s'endetter à bon compte, face aux incertitudes concernant l'avenir des retraites et à la nécessité de se constituer des compléments de revenus, face aussi aux risques évidents qui pèsent sur l'épargne en particulier les risques de faillite d'États qui mettraient en péril les obligations de ces dits États, les épargnants, plus que jamais, optent pour la pierre.

On comprend l'amour des Français, des épargnants et moi le premier pour la pierre avec ce graphique qui se passerait presque de commentaires !

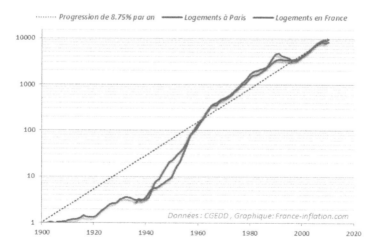

Or si la pierre est un actif tangible, disons-le clairement et sans tourner autour du pot, au risque d'être trivial, à actif tangible, emmerdements tangibles également !

La détention immobilière n'est pas un long fleuve tranquille. Loin de là, cela peut même et c'est souvent le cas, tourner au cauchemar.

Dans la dernière enquête « Bailleurs » disponible et réalisée par le groupe d'annonces immobilières PAP (De Particulier à Particulier) 42,8% des propriétaires sondés reconnaissent avoir eu des litiges avec leur locataire.

Parmi les problèmes les plus souvent rencontrés figurent, sans surprise, les impayés de loyers, en hausse constante, suivis par des dégradations.

Autre élément important du calvaire des propriétaires bailleurs, c'est le nombre de litiges donc, et la judiciarisation qui explose.

Si en 2012 50% des litiges se réglaient à l'amiable, désormais, c'est 60% des litiges qui nécessitent une procédure et plus de 45% termineront devant le tribunal. Pas rassurant...

Il est important de rappeler qu'un impayé de loyer moyen coûte 20 000 euros au propriétaire, frais de procédure et dégâts inclus, car souvent là encore le locataire indélicat se contente rarement de ne pas payer son loyer. Dégrader le logement devenant un sport national.

Enfin, le temps moyen qui va s'écouler entre le premier impayé et l'expulsion est de deux années. Vous avez bien lu... 2 ans !

Le précédent des loyers « loi 48 »

Il est important également de refaire un peu d'histoire, pour que l'investisseur prenne bien conscience aussi bien à l'aune de la loi Alur très récente, que de la loi dite de 1948 (loi n° 48-1360 du 1er septembre 1948 portant modification et codification de la législation relative aux rapports des bailleurs et locataires ou occupants de locaux d'habitation ou à usage professionnel et instituant des allocations de logement), que le marché de l'immobilier en France reste particulièrement encadré par les pouvoirs publics qui ne sont jamais très loin, et ne manquent jamais une occasion ou presque pour mettre leur nez dans les affaires immobilières des Français.

Cela a une conséquence que vous devez garder à l'esprit. Le marché de l'immobilier n'est pas libre. En tant qu'investisseur, vous êtes donc en « liberté surveillée » et les règles du jeu peuvent changer à n'importe quel moment.

Les révolutions ne sont pas le fait des propriétaires « pleins aux as », mais des masses laborieuses sans argent ! Ce raccourci n'est pas un jugement de valeur à l'égard de qui que ce soit. C'est un fait. Rarement des manifestations de propriétaires d'appartements n'ont dégénéré en émeutes où des « bourgeois » caillassent les CRS à coup de pavés !

Résultat ? Lorsque la loi change, c'est rarement pour renforcer les droits des propriétaires, mais plutôt ceux des locataires et il y a une logique idéologique qui sous-tend cela.

La loi 48 est sans doute l'une des plus célèbres lois françaises et elle a très durablement façonné le marché immobilier français.

1948... 2018 ! 70 ans nous séparent et pourtant, nous en parlons encore. Une telle longévité est assez rare pour une loi, c'est dire si cette dernière fût marquante.

À l'issue de la Seconde guerre mondiale, la France est ruinée. Beaucoup de nos grandes villes sont détruites. Pour nos plus petites villes, la construction de logements nouveaux est particulièrement anémique car les loyers sont bloqués ou contrôlés depuis 1914 ! !

1914... 2014 date de la loi Alur (24 mars 2014) et du nouvel encadrement des loyers, et vous voyez qu'en un siècle, nous n'avons pas beaucoup avancé, le législateur en premier, faisant montre d'un manque cruel de créativité. Les députés de 2014 ont bloqué les loyers comme ceux de 1914. Cela provoquera à un moment une baisse significative de l'investissement... En 2048 il faudra sans doute faire une loi « 2048 » pour célébrer le centenaire de celle de 1948.

Bref, à l'époque les loyers sont tellement faibles, que personne ne veut investir dans la pierre (ce qui n'est pas le cas aujourd'hui, mais que les épargnants devraient avoir en tête, car le marché immobilier n'est pas un long fleuve tranquille loin s'en faut).

Il se pose un triple problème. Une question de « salubrité » et une question de « quantité » de logements disponibles pour répondre à la demande et aux besoins d'après-guerre, enfin les bouleversements « sociologiques » avec la hausse de la natalité, l'exode rural massif etc...

La loi 48 est une loi de compromis contrairement à ce qu'elle est devenue dans la mémoire ou l'esprit collectif.

Aujourd'hui elle n'est connue que comme une loi qui « bloque » les loyers. C'est vrai, mais c'est partiel.

Globalement la loi 48 voulait d'un côté garantir aux locataires qui étaient déjà logés une stabilité des loyers, et instaurait en revanche une liberté de loyers totale pour les logements neufs... ou complètement rénovés !

Comme toutes les lois françaises, elle faisait quelques pages et cela s'accompagnait de conditions de localisation, de vétusté, de confort etc...

Comme toutes les lois, cela déstabilise le fonctionnement jusque-là en vigueur. En augmentant le coût des loyers au-delà du pouvoir d'achat, il a fallu instituer les aides aux logements pour compenser la hausse des loyers.

70 ans plus tard, loin d'être réglé, tous les problèmes du marché immobilier subsiste sensiblement en l'état, pour la simple et bonne raison que les choses évoluant, on parlera

très prochainement vous le verrez « d'insalubrité » énergétique. La législation va donc considérablement se durcir sur les logements dits « passoires » thermiques, tout en sachant que presque tous les logements construits avant 1990 sont des passoires thermiques. C'est donc la totalité du parc de logement français ou presque qui sera prochainement concerné.

Le constat est donc dramatique

Et vos risques sur la durée sont énormes.

Cela a des implications stratégiques et patrimoniales très fortes et nous allons voir tout au long de ce dossier comment procéder de façon optimale pour louer ses biens et les précautions indispensables à prendre dans le contexte actuel du marché et de la législation en vigueur.

Tous les propriétaires doivent comprendre qu'ils agissent sous contraintes, et qu'en cas de problèmes ils seront tenus pour responsables car la loi agit en l'espèce comme sur les accidents de la route entre piétons et véhicules. Les conducteurs ont toujours tort. Les piétons raison.

Pour le locatif le principe est le même.

Article 1 le locataire a toujours raison.

Article 2 même quand le locataire a tort, se reporter à l'article 1.

Fin de l'histoire…

Fin pas tout à fait quand même, car il existe des méthodes et des parades. Encore faut-il les connaître !

LES FONDEMENTS IDÉOLOGIQUES DE LA LÉGISLATION LOCATIVE EN FRANCE

Nous avons vu rapidement lors de l'introduction, la loi 48 qui a durablement marqué le paysage idéologique et législatif dans notre pays en termes immobiliers.

Si au départ certaines choses pouvaient être compréhensibles, la législation locative en France est régie par un double biais qui est, avec le temps, devenu idéologique et terriblement destructeur à savoir d'une part que les « pauvres sont forcément gentils », et donc les riches forcément méchants. Cela n'a plus rien à voir avec le pragmatisme nécessaire à la mise en place des conditions de fonctionnement optimales d'un marché aussi important que peut l'être celui de l'immobilier.

Les locataires sont assimilés aux forcément-gentils-pauvres qu'il faut protéger à tout prix des griffes des terriblement forcément-méchants-riches qui sont par définition des très vilains propriétaires vivant aux dépends des gentils-pauvres locataires qu'ils exploitent sans vergogne…

Ces biais idéologiques sont à la base de toutes les lois récentes sur la propriété en France.

Le droit au logement prime sur le droit à la propriété !

N'imaginez pas que je fasse de « l'anti-pauvrisme » primaire. Je parle de biais idéologique, mais un biais ne signifie pas qu'il y ait une forme de réalité et de nécessité derrière. Nous héritons d'une histoire, d'un esprit, d'une conscience collective, d'une culture économique. Bref, l'économie française, par bien des égards, reste encore très influencée par le CNR (le Conseil National de la Résistance), et par la situation que nous avons héritée de l'après Seconde guerre mondiale.

Nos guerres de nos décolonisations nous ont également financièrement saignées (au propre et au figuré d'ailleurs).

Il y a donc des fondements idéologiques qui sont liés à des fondements historiques et qui expliquent notre conception collective du droit au logement qui prime sur le droit à la propriété. Le « DALO », ou droit au logement opposable est une illustration parfaite de ce principe, de même que la loi punit sévèrement (et c'est tant mieux) la location de biens insalubres et l'activité de marchand de sommeil.

Le locataire d'un bien considéré comme insalubre n'est plus tenu de payer son loyer au propriétaire et peut rester néanmoins dans les lieux, même si le propriétaire ne fait pas d'ailleurs les travaux qu'il devrait.

Si nous en sommes-là ce n'est pas le fruit du hasard mais le résultat d'une histoire qui n'est ni bien ni mal en elle-même. Elle est. Tout simplement. Et c'est la nôtre.

L'une des fondations et des associations qui fait un travail remarquable dans notre pays sur le front du logement est évidemment la fondation Abbé Pierre.

Les chiffres du Mal-Logement et la fondation Abbé Pierre

Souvenez-vous de l'hiver 54 !

Je ne vous refais pas l'histoire, mais en 1954, les gens, mourraient de froid dans nos villes et surtout dans nos bidonvilles.

C'est l'appel de l'Abbé à la radio, qui va déclencher une prise de conscience immense sur nos difficultés collectives de logement mais aussi un tout aussi grand élan de générosité de la part des plus « munis » envers les plus démunis.

Les chiffres du mal-logement

	MÉNAGES	PERSONNES
4 millions de personnes mal logées		
Personnes privées de logement personnel		
dont personnes sans domicile[1]		143 000
dont résidences principales en chambres d'hôtel[2]	21 000	25 000
dont habitations de fortune[3]		85 000
dont personnes en hébergement « contraint » chez des tiers[4]		643 000
TOTAL		896 000
Personnes vivant dans des conditions de logement très difficiles		
dont privation de confort[5]	939 000	2 090 000
dont surpeuplement « accentué »[6]	218 000	934 000
TOTAL (sans double compte)	1 123 000	2 819 000
« Gens du voyage » subissant de mauvaises conditions d'habitat[7]		206 600
Résidents de foyers de travailleurs migrants non traités[8]		39 000
TOTAL des personnes mal logées (a)(sans double-compte)		**3 960 000**

	MÉNAGES	PERSONNES
12,1 millions de personnes fragilisées par rapport au logement		
Propriétaires occupant un logement dans une copropriété en difficulté[9]	518 000	1 123 000
Locataires en impayés de loyers ou de charges[10]	493 000	1 210 000
Personnes modestes en situation de surpeuplement modéré	1 055 000	4 299 000
Personnes modestes ayant eu froid pour des raisons liées à la précarité énergétique[11]	1 443 000	3 558 000
Personnes en situation d'effort financier excessif[12]	2 713 000	5 732 000
TOTAL des personnes en situation de fragilité (b)(sans double-compte)	**4 952 000**	**12 138 000**

TOTAL GÉNÉRAL (a+b)(sans double-compte)	**14 628 000**

Depuis, l'Abbé Pierre nous a quittés. Mais par sa fondation, son esprit et sa tâche perdure. Tous les ans la fondation Abbé Pierre publie un rapport très utile à la réflexion de tous sur les chiffres du mal logement en France. Des chiffres que nous devons avoir à l'esprit en tant que citoyen, et des chiffres que nous ne devons pas oublier en tant qu'épargnant et investisseur.

Toujours selon la Fondation Abbé Pierre, l'évolution du prix des logements et des loyers est très supérieure au taux d'inflation et c'est d'ailleurs un phénomène trop peu pris en compte par l'INSEE qui n'intègre pas, comme il le faudrait, la hausse des prix de l'immobilier dans le calcul de l'inflation, ce qui du coup biaise totalement les résultats en termes de « pouvoir d'achat » réel des ménages.

ÉVOLUTION DES PRIX DES LOGEMENTS, DES LOYERS ET DES PRIX À LA CONSOMMATION
SOURCE / INSEE, OLAP

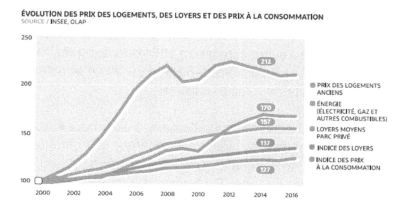

Mais ce n'est pas tout. Les expulsions avec recours à la force publique s'envolent également...

ÉVOLUTION DES EXPULSIONS AVEC CONCOURS DE LA FORCE PUBLIQUE
SOURCE / MINISTÈRE DU LOGEMENT

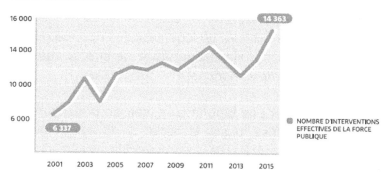

Vous devez donc avoir à l'esprit cette situation derrière laquelle se trouvent aussi des problématiques humaines de détresse parfois très lourdes.

Le législateur doit donc choisir et c'est ce que je disais un peu plus haut entre le droit à la propriété et le droit au logement pour éviter comme en 1954 que des gens (et des enfants) meurent de froid dehors (d'où aussi la notion de trêve hivernale pour les expulsions).

Le législateur qui veille également à la « paix » sociale continuera vraisemblablement à pénaliser le propriétaire et à privilégier le locataire. On peut le regretter ou s'en satisfaire. Peu importe. En termes patrimoniaux on place en fonction du contexte dans lequel on évolue, tout le reste étant un débat de citoyens, mais pas de financiers !

La Loi Alur !

C'est dans ce cadre idéologique donc qu'a été portée la dernière réforme législative, celle de la loi dite Alur de Cécile Duflot la ministre du logement de l'époque pendant le quinquennat d'Hollande qui fut à ce titre la chronique d'une catastrophe annoncée…

Cet échec n'est pas tant lié à l'excès de protection (quoi que on peut aussi poser le débat de la fluidification du marché) qu'à un excès administratif contre-productif personne ne lisant les ramettes entières de papier nécessaires à la rédaction du moindre acte.

La loi Alur a été sans ambiguïté profondément orientée dans l'intérêt des forcément-gentils-locataires, ce qui n'est encore une fois, pas du tout forcément le cas, la méchanceté étant un défaut que l'on retrouve à parts égales aussi bien chez les riches que chez les pauvres.

Bref, la loi Alur a donc considérablement durci les devoirs et les contraintes pesant sur les propriétaires jusqu'à encadrer l'évolution des loyers.

En encadrant l'évolution des loyers, alors que bon nombre de propriétaires recourent à l'emprunt pour financer l'acquisition des biens, la loi Alur pousse les propriétaires à chercher plus de rendement notamment dans la location de tourisme et c'est logique.

Je vous parlais à l'instant du crédit, mais les propriétaires sont pris en tenaille entre des loyers encadrés d'un côté et de l'autre une fiscalité en hausse constante, mais aussi une augmentation des charges de copropriété et des obligations de travaux, d'isolations, de mises aux normes ou de rénovation.

L'essentiel de la Loi Alur

- Des frais d'agence réduits et plafonnés pour les visites, la rédaction du dossier de location, du bail et l'état des lieux. Fini le temps où le locataire déboursait un mois de loyer (voire plus).
- Des intérêts appliqués si le propriétaire tarde à restituer le dépôt de garantie.

- Des travaux autorisés en cours de bail. Le locataire doit laisser libre accès à son logement sous couvert d'une réduction de loyer si les travaux durent plus de 21 jours.
- Un préavis réduit à un mois dans les zones tendues pour tous les baux signés après le 27 mars 2014.
- Des loyers encadrés dans 28 agglomérations de plus de 50 000 habitants.
- Une location meublée plus encadrée et en partie alignée sur les règles de la location vide.
- Un bail solidaire moins contraignant pour les colocataires qui sont désormais libérés de leur obligation de payer lorsqu'ils sont remplacés dans un logement ou que leur préavis prend fin.
- Des syndics obligés à davantage de transparence (prestations, rémunération, comptes bancaires pour chaque copropriété gérée…).
- Des documents supplémentaires à ajouter au dossier de vente lors d'une transaction immobilière (règlement de copropriété, procès-verbaux des AG…)

Le cas particulier des congés pour reprise ou vente !

Autre élément, la loi Alur a considérablement durci le droit de congé pour vente ou de reprise d'un bien par son propriétaire pour y loger un membre de sa famille.

En cas de congé pour reprise :

- le bailleur doit justifier de motifs sérieux et légitimes,
- il doit indiquer les nom, prénom et adresse du bénéficiaire de la reprise et préciser le lien de parenté qui le lie au bénéficiaire de la reprise,
- le congé pour reprise ne pourra être délivré moins de 2 ans après l'acquisition.

En cas congé pour vendre :

Le congé pour vente ne peut être délivré qu'au terme du premier renouvellement du bail en cours.

Exemple : Monsieur Dupont acquiert le 1er Juin 2014 une maison louée aux époux Duval depuis le 1er juillet 2012, le terme de leur bail étant fixé au 30 juin 2015.

« Monsieur Dupont ne pourrait délivrer un congé reprise qu'en juin 2016 ; s'il optait pour un congé pour vendre, le bail se renouvellerait une première fois le 1er juillet 2015, pour une durée de trois ans donc jusqu'au 30 juin 2018, Monsieur Dupont ne pouvant donc délivrer un congé que pour cette date ».

Dans cet exemple donné sur le site des notaires d'Ile de France, vous devez comprendre qu'en gros avec la nouvelle législation vous partez bien souvent pour plusieurs années d'attente avant de récupérer votre bien dans le cadre d'une reprise pour vente !

Dur, dur, de se défaire d'un locataire.

LE RENDEMENT LOCATIF EST FAIBLE, TRÈS FAIBLE, SOUVENT NÉGATIF !

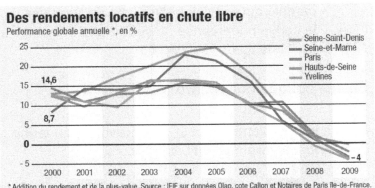

Des rendements locatifs en chute libre

Performance globale annuelle *, en %

* Addition du rendement et de la plus-value. Source : IEIF sur données Olap, cote Callon et Notaires de Paris Île-de-France.

Dans un monde de taux zéro pour l'épargne, voire, même de taux négatifs, n'imaginez pas un seul instant que le rendement locatif soit forcément élevé ou positif !

N'imaginez pas plus, que l'immobilier va vous permettre économiquement d'échapper à ces taux bas, ou négatifs.

Tout va dépendre d'où vous allez acheter, avec quel rendement brut, et il ne faudra pas confondre les notions de rendements brut ou net car vous allez voir que si le rendement brut peut sembler positif, en réalité il très souvent négatif.

Pourquoi ?

1/ Les niveaux de prix sont très élevés.

L'évolution des charges de copropriété
En euros courants

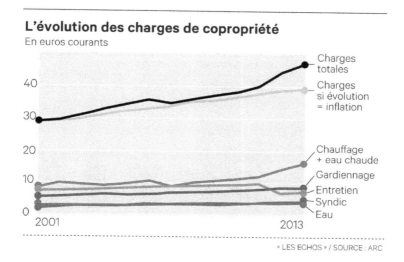

2/ Il y a souvent un recours au crédit pour financer l'achat. Ce recours au crédit va impliquer ce que les conseillers, vendeurs, et autres conseillers vont pompeusement appeler un taux d'effort. Le taux d'effort c'est ce qu'il faudra que vous rajoutiez tous les mois pendant 15 ans en plus du loyer perçu pour que cela couvre la mensualité de remboursement de crédit. Si vous avez un crédit de 850 euros par mois et un loyer de 750€ votre taux d'effort sera de 100 euros par mois.

En réalité, il serait plus juste de parler aux gens et de dire aux investisseurs que leur taux de rendement sera négatif de 100 euros par mois. La notion de taux d'effort fait perdre de vue que vous êtes en train de réaliser un investissement au taux de rendement négatif en tous cas sur toute la durée du prêt. Cela ne veut pas dire qu'il ne faut pas investir. Cela veut dire qu'il faut savoir exactement où vous allez mettre les pieds.

Taxes et impositions immobilières en Europe

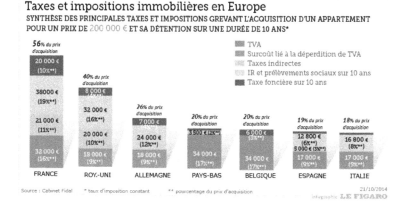

SYNTHÈSE DES PRINCIPALES TAXES ET IMPOSITIONS GREVANT L'ACQUISITION D'UN APPARTEMENT POUR UN PRIX DE 200 000 € ET SA DÉTENTION SUR UNE DURÉE DE 10 ANS*

3/ Les charges de copropriétés explosent littéralement à la hausse en raison du renchérissement du coût des travaux mais aussi des normes de construction ou de rénovations qui sont imposées aux propriétaires.

4/ Le poids de la fiscalité devient de plus en plus lourd. L'ISF qui va être remplacé par l'IFI l'impôt sur la Fortune Immobilière ne viendra pas non plus alléger cette fiscalité très pesante sur les taux de rendement, puisque lorsque vous êtes au régime simplifié, après abattement c'est 60% de vos revenus fonciers qui sont imposés aux revenus.

Bref, c'est très coûteux, et cela vient réduire très sensiblement votre rentabilité nette.

5/ Le poids des impayés, des risques locatifs, sans même parler des périodes éventuelles de vacance, vont avoir des conséquences terribles sur votre rendement net, rendement net qu'il ne faut pas calculer « en théorie », mais aussi en pratique et sur le long terme ! ! !

6/ Le Président Macron a très clairement expliqué qu'il allait réorienter la fiscalité du productif délocalisable à l'improductif non-délocalisable !

Le principe est assez simple à comprendre et ses implications patrimoniales aussi. En effet je peux partir facilement avec mon entreprise, mon usine ou mon argent... Je peux délocaliser, ou m'expatrier fiscalement.

L'avantage énorme de l'immobilier, c'est qu'il est ici et maintenant ! Impossible de l'emporter. Pour un État impécunieux et totalement fauché pour ne pas dire en état de quasi-faillite comme le déclarait François Fillon lorsqu'il était premier ministre (et cela ne s'est pas arrangé depuis), l'immobilier est la proie fiscale idéale avec la voiture et le conducteur qui est dedans !

Dans un monde ouvert et mondialisé où vous pouvez aller vous faire taxer ailleurs, il n'y a bien que la voiture immatriculée ici et maintenant ainsi que l'immobilier qui sont très facilement et abusivement taxables. Ils seront donc massivement taxés, parce qu'il n'y a pas véritablement d'autres choix financiers rationnels. Ne doutons pas qu'après nous trouverons tous les arguments nécessaires pour justifier cette nouvelle fiscalité.

Des justifications qui iront du c'est improductif ou c'est pour le bien de l'environnement. Mais cela restera uniquement des justifications « marketing » destinées à forger le consentement des masses. Mais la vérité c'est que l'on n'a rien d'autre de crédible et de non-délocalisable à taxer ! !

C'est l'ensemble de ces éléments qui vous démontre bien que l'immobilier est loin, très loin d'être un investissement « positif » et rentable.

Pourtant l'investissement immobilier permet néanmoins d'avoir recours à l'effet de levier de l'emprunt pour se constituer un patrimoine

Une banque vous prête de l'argent pour un achat immobilier, pas pour placer en bourse.

C'est dans un tel contexte idéologique et économique que tous les propriétaires et les investisseurs immobiliers ou ceux qui aspirent à le devenir doivent évoluer.

Il faut le faire en toute connaissance et en toute conscience et maitriser au mieux les risques, ce qui n'est jamais simple, mais vous allez le voir, il y a des méthodes !

LES IMPÔTS « FONCHIER » SONT CONFISCATOIRES !

I y a les impôts fonciers, et nous serons de plus en plus nombreux à les appeler les impôts fonchier, tant dans le domaine foncier la fiscalité peut être confiscatoire !

On peut même monter jusqu'à 62,2% lorsque l'on est imposé au réel (plus de 15 000 euros de revenus fonchier à l'année) dans la tranche à 45% et que l'on doit à cela rajouter les prélèvements sociaux de 17.2% ! ! Le total prélevé est de 62.2% ! ! ! Considérable évidemment ! !

Regardez ce tableau qui fait frémir plus d'un épargnant immobilier ! !

Tranches de revenus	Taux d'imposition
Jusqu'à 9964€	0%
De 9965€ à 27 519€	14%
De 27 520€ à 73 779€	30%
De 73 780€ à 156 244€	41%
Plus de 156 245€	45%

En gros à partir de 73 000 euros de revenus tous revenus confondus vous allez être taxés à 41% auxquels il faudra rajouter les prélèvements sociaux de 17.2% et dont on peut raisonnablement penser qu'ils vont continuer à monter surtout lorsque l'on regarde la "trajectoire" passée.

En matière de fiscalité, généralement les performances passées présagent (rien de bon) des performances futures ! !

Évolution des taux de prélèvement sociaux à travers les « âges » ! !

- 0,5% sur les produits acquis en 1996
- 3,9% sur les produits acquis en 1997
- 10% sur les produits acquis entre le 1er janvier 1998 et le 1er juillet 2004
- 11% sur les produits acquis entre le 1er juillet 2004 et le 1er janvier 2009
- 12,1% sur les produits acquis en 2009 et 2010
- 12,3% sur les produits acquis entre le 1er janvier 2011 et le 1er octobre 2011
- 13,5% sur les produits acquis entre le 1er octobre 2011 et le 1er juillet 2012
- 15,5% sur les produits acquis entre le 1er juillet 2012 et le 31 décembre 2016
- 17,2% sur les produits acquis à compter du 1er janvier 2017

Si les taux de prélèvements sociaux continuent leurs hausses, nous pourrons voir assez rapidement la taxation immobilière atteindre les 70% sans que cela ne fasse frémir n'importe quel gouvernement.

E. Macron, d'ailleurs, a toujours dit et expliqué, qu'il fallait taxer l'improductif (l'immobilier) et "détaxer" (autant que l'on puisse détaxer en France) le productif délocalisable (les entreprises).

L'alourdissement de la fiscalité immobilière est donc probable, sans compter qu'à ces impôts viennent se rajouter l'IFI, le nouvel ISF qui pèse sur la.... fortune immobilière ! !

Alors essayons de voir les techniques diverses et variées qui peuvent être employées pour réduire le seuil de douleur fiscal !

LE DÉMEMBREMENT DE PROPRIÉTÉ !

Imaginez un outil qui permette de profiter, pour un achat immobilier, du meilleur de la fiscalité professionnelle, à savoir que dans une structure commerciale toutes les charges sont déductibles et en plus le prix d'achat sera amorti à 100% sur la durée (mais la plus-value à la sortie calculée sur 100% de la valeur du bien), et du meilleur de la fiscalité personnelle, c'est-à-dire qu'au bout de la bonne durée de détention, la plus-value serait exonérée...

Imaginez cela et la réponse existe, la solution est réelle c'est le démembrement immobilier entre une structure commerciale et une SCI à l'impôt sur le revenu. Attention bien évidemment, il s'agit là de montages qui sont aux frontières de ce que l'on appelle "l'abus de droit" qui est un délit qui consiste ... à tout faire pour échapper à l'impôt, ce qui est évidemment le cas ! Il va donc falloir trouver une justification économique à votre montage et si vous souhaitez vous lancer dans ce genre de réflexions et d'optimisation fiscale, évidemment n'y allez pas seul !

Les avocats fiscalistes servent à cela, et c'est là que Maître Halbout intervient. C'est lui qui a rédigé l'article ci-dessous sur le démembrement et qui vous donnera, j'en suis sûr, quelques pistes nouvelles de réflexion ! [5]

Le démembrement de propriété comme moyen d'acquisition d'immobilier d'entreprise

Un dirigeant de PME, qui envisage d'acquérir un bien immobilier pour l'exploitation de son entreprise, a la possibilité de recourir aux formules évoquées dans le dossier « Acquisition d'immobilier d'entreprise » mais aussi au démembrement de propriété, afin de bénéficier à la fois des avantages des SCI soumises à l'impôt sur le revenu et de celles soumises à l'impôt sur les sociétés. Il acquerra alors la nue-propriété du bien immobilier.

De son côté, la société d'exploitation utilisatrice du bien en acquerra l'usufruit temporaire. Il est également possible de faire porter le démembrement sur les parts sociales de la SCI qui aura acquis le bien immobilier (voir dossier le démembrement de parts de SCI).

Il est à noter que la récente réponse ministérielle Lambert du 2 juillet 2013 (voir rubrique actualité : « Cession concomitante de l'usufruit temporaire et de la nue-propriété ») restreindra nécessairement les cas où le vendeur acceptera la cession concomitante de l'usufruit temporaire et de la nue-propriété, ce qui imposerait le

---

[5] Les coordonnées de Maître Vincent Halbout sont les suivantes. Vous pouvez le contactez de ma part. *69, Boulevard Malesherbes 75008 PARIS Tél. : 01 45 22 32 76 info@vhavocats.fr*

recours au démembrement de parts sociales de SCI avec les contraintes inhérentes à un tel schéma.

Les conséquences du démembrement seront les suivantes :

☐ Pendant la période de détention de l'usufruit temporaire du bien immobilier :

- Le nu-propriétaire ne sera pas imposé sur des sommes qu'il ne perçoit pas (contrairement à la SCI IR) puisqu'il ne touche pas les revenus de la location du bien immobilier acquis.
- Si celui-ci a contracté un emprunt pour l'acquisition de cette nue-propriété, il ne peut déduire les frais financiers correspondants.
- L'usufruitier (la société exploitante) aura acquis un droit qu'il pourra amortir sur la durée de l'usufruit.

☐ Pendant toute la période de remboursement de l'emprunt souscrit pour l'acquisition de l'usufruit temporaire, la société d'exploitation supportera une charge de remboursement inférieure à ce qu'elle aurait payé en loyer.

Cet élément est impératif afin de contribuer à la sécurisation du schéma d'un point de fiscal et du droit des sociétés.

Ce bénéfice pourra être distribué à l'associé nu-propriétaire, ce qui lui servira éventuellement à faire face au remboursement de l'emprunt souscrit pour l'acquisition de la nue-propriété. Il est à noter que pendant la durée du démembrement, ce schéma n'interdit pas :

- la vente du bien immobilier ;
- un déménagement de la société d'exploitation avec location du bien immobilier ou cession de l'usufruit temporaire.

☐ À l'expiration de la période de démembrement :

- À l'expiration de l'usufruit temporaire sur le bien immobilier, la personne physique deviendra plein propriétaire.
- Le bien immobilier pourra éventuellement être revendu, en exonération totale de plus-values audelà d'une durée de détention de 30 ans, qui est calculée à partir de la date d'acquisition de la nuepropriété.
- Une revente avant ces 30 ans de détention générera une imposition sur la plus-value, ce qui amoindrit l'intérêt de la formule, sauf si une donation est envisagée.
- Il pourra être également conservé par le dirigeant d'entreprise dans le cadre d'un complément de revenus ou faire l'objet d'une donation, qui purgera la plus-value.

Précautions à prendre avec l'utilisation de cette technique d'optimisation fiscale : le contribuable a certes le choix de la voie la moins imposée mais comme la plupart des techniques d'optimisation fiscale, il est nécessaire d'être vigilant afin que le schéma ne tombe pas sous le coup de l'abus de biens sociaux, de l'acte anormal de gestion ou encore de l'abus de droit.

Si la réponse ministérielle Straumann du 5 mai 2009 n'estime pas par principe que ce type de montage constitue un abus de bien social, ce n'est que sous la condition d'une réalité économique de l'opération.

Et il devrait en être de même s'agissant des notions d'acte anormal de gestion et d'abus de droit.

En d'autres termes, il est indispensable :

- que la société d'exploitation ait un intérêt économique à l'acquisition de l'usufruit temporaire par rapport à un loyer ;
- que la durée et la valeur de l'usufruit temporaire et de la nue-propriété de la structure immobilière soient justifiées et justifiables ;
- que les frais d'acquisition soient régulièrement répartis ;
- qu'une convention de démembrement soit prévue entre les parties ; - et enfin, que l'opération n'ait pas un but exclusivement fiscal

Il s'agit ici vous l'aurez compris de méthodes qui sont très regardées par l'administration fiscale et qui flirtent presque toujours avec l'abus de droit. Il est donc très important de n'aller vers ce genre de solution qu'en étant accompagné par les fiscalistes les plus pointus sur ce type de sujets. Il y en a et la différence est énorme entre les uns et les autres.

LES INFORMATIONS À CONNAÎTRE AVANT DE SE LANCER DANS UN INVESTISSEMENT IMMOBILIER !

Je vous invite à regarder, avant tout investissement en défiscalisation immobilière dans le neuf et en particulier si vous envisagez une « loi Pinel », ce reportage qui sera très salutaire.

D'autres, avant vous, ont déjà essuyé les plâtres, et croyez-moi, les plâtres sont exactement les mêmes et rien n'a vraiment changé ! !

Les mêmes erreurs produiront les mêmes conséquences financières.

Profitez donc de l'intelligence et de l'expérience collective.

Partie 1 ici : *https://youtu.be/hCPR8v3wMwU*

Partie 2 ici : *https://youtu.be/dYHeg8T7duI*

N'oubliez pas que presque tous les terrains en centre-ville sont déjà bâtis ou presque. Les programmes neufs sont toujours dans des zones excentrées. Plus que jamais, vous devez être ultra sélectif, et ne jamais oublier les trois règles de l'achat immobilier. Il y a 3 critères : l'emplacement, l'emplacement... et l'emplacement, comme on dit sous forme de boutade.

Autre conseil : n'achetez jamais sans aller voir le terrain et la localisation précise... sur place ! Visitez. Regardez l'environnement et appréciez aussi son avenir et son devenir.

L'autre vidéo que je vous invite à regarder avant tout investissement conséquent est celle ci-dessous consacrée au scandale Apollonia. C'est édifiant... mais très instructif ! !

Voir le reportage ici : *https://youtu.be/JfRFWQ6Jv-k*

Pourquoi ?

Parce que la "défiscalisation" Pinel, comme toutes les autres défiscalisations immobilières, devient un produit "industriel" sur lequel se jettent à peu près tous les promoteurs et autres gros constructeurs.

Puis s'invitent dans la mécanique toutes les filières professionnelles concernées de près ou de loin par le gâteau et votre grisbi ! Les épargnants passent rarement directement avec un constructeur. Ils se font, dans l'immense majorité des cas, démarcher. Ce type de mode de distribution multiplie les intermédiaires et donc leur rémunération qui s'ajoute au prix de revient de l'appartement que vous allez acheter, généralement dans une zone que vous ne connaissez pas du tout. Entre promoteur, distributeur grossiste, banque, conseiller en gestion de patrimoine, agent immobilier, notaire... c'est souvent plus de 30% du prix d'achat de votre bien acheté en loi Pinel qui part dans la rémunération des intermédiaires.

Pour le dire autrement, vous achetez bien souvent de 30 à 40% trop cher, ce qui explique les déceptions, hélas, trop nombreuses lorsqu'il faut sortir de son investissement au bout de 12 ans. Les épargnants qui font le choix de vendre enregistrent généralement des pertes substantielles.

Alors faut-il fuir la défiscalisation Pinel ? Pas forcément ! Il existe une niche dans cette niche qui vous permettra d'obtenir un meilleur rendement, un bien meilleur coût d'acquisition et aussi une meilleure localisation. Au final votre investissement passera de vraisemblablement mauvais à peut-être bon comme il faut ! !

Quelle est cette recette magique ?

Faire construire une maison soi-même en maîtrisant tout plutôt que d'acheter une solution clef en main, où vous êtes à peu près sûr de vous faire couillonner de 40% trop cher et d'acheter dans des zones pas forcément si prometteuses que cela à l'horizon de 15 ou 20 ans.

Bon, évidemment, pour faire cela, ce ne sera pas un long fleuve tranquille, et vous devrez affronter tous les problèmes qui vont avec une construction neuve.

Pour les chiffres, calculons en gros. Vous achetez un terrain 100 000€ dans une zone qui vous convient et dans laquelle vous passeriez bien vos vieux jours une fois la retraite venue par exemple. Puis vous faites construire 100m² pour 150 000€. En gros, vous achetez pour 250 000 à 300 000€ ce bien qui vous convient et qui est véritablement le vôtre jusqu'au plan que vous aurez défini. En faisant construire vous-même, vous évitez les surcoûts de 40%. Sur 300 000€, 40% c'est tout de même 120 000€ ! ! ! !

Puis vous déduisez aussi vos 21% de 300K€, soit vos 63 000€. Au final, cette maison vous fera économiser effectivement 63K€ d'impôts et ne sera pas survalorisée. Pour cela, il vous faudra travailler en vous occupant de votre dossier.

Le problème réel du Pinel c'est que les épargnants veulent acheter des défiscalisations sans s'occuper de rien au lieu d'acheter des biens immobiliers qu'il faut gérer, ce qui demande du temps et apporte parfois aussi quelques soucis.

Faisons maintenant un zoom sur LA nouveauté 2019, le Pinel... réservé à l'ancien ou également appelé le Denormandie, du nom du secrétaire d'État qui vient de faire passer la loi concernant cette nouvelle défiscalisation.

Quelques règles de fonctionnement à ne pas oublier

Depuis le 1er septembre 2014, le logement doit être achevé dans les 30 mois non plus de la date de la déclaration d'ouverture de chantier mais de la date de la signature de l'acte authentique.

Les loyers sont plafonnés et inférieurs de 20% aux loyers du marché.

L'engagement de location doit être effectif dans les 12 mois qui suivent la date d'achèvement de l'immeuble.

Le plafond d'investissement retenu est de 300 000€ et limité à 2 logements par an.

Un plafond de 5500€ par mètre carré de surface habitable est retenu quelle que soit la localisation du logement Pinel.

Plafond de ressources pour les locataires des appartements éligibles au dispositif Pinel (voir ci-dessous).

La loi Pinel est incluse dans le plafond sur les niches fiscales et ne peut dépasser le plafond global de 10 000€/an !

La location pourra être conclue avec un membre du foyer fiscal, un ascendant ou un descendant du contribuable.

Le démembrement est interdit aussi bien pour les particuliers que pour les SCI. La réduction d'impôt Pinel n'est donc pas applicable aux logements dont le droit de propriété est démembré.

L'achat en indivision est possible ! Dans le cadre du régime Pinel, lorsque le logement est détenu en indivision, chaque indivisaire bénéficie de la réduction d'impôt dans la limite de sa quote-part du prix de revient.

Combien peut-on économiser d'impôts concrètement ?

La loi Pinel permet au maximum une réduction d'impôt de 21% du prix de revient du logement.

Cette réduction d'impôt s'étale sur 12 ans de manière linéaire.

Exemple : pour un investissement de 200 000€, la réduction est de 42 000€ sur 12 ans, soit 3500€/an.

Pour 300 000 euros sur 12 ans, on parle donc de 63 000 euros (les 21% de 300 000 euros) que l'on va diviser par 12, ce qui fait que chaque année, pendant 12 ans, vous pourrez déduire de vos impôts sur le revenu... 5250 euros !

Si votre bien n'est pas loué pendant ces 12 ans, vous perdrez la déduction d'impôt sur la totalité de la durée... Donc attention ! !

Ensuite, vous allez acheter à des niveaux de prix très élevés. Vous allez déduire au mieux 21%. Si le bien que vous achetez est surévalué de 20%, ce qui est souvent le cas, la réalité c'est que vous ne gagnerez strictement rien et vous allez prendre des risques importants pour aucun gain...

Donc attention bien évidemment ! !

LES OUTILS À MAITRISER

Voici quelques outils précieux ou sources d'informations indispensables qui sont mis à la disposition de chacun pour pouvoir mieux gérer ou mieux appréhender l'investissement immobilier.

Une question ? Pensez ADIL !

Les ADIL sont les Associations Départementales d'Information sur le Logement

Créées à l'initiative du département et de l'État, les ADIL, associations loi 1901, sont agréées dans le cadre de l'article L.366-1 du CCH (Code la Construction et de l'Habitation), qui définit leurs missions, notamment celles d'information et de conseil auprès du public.

Elles ont « pour mission d'informer gratuitement les usagers sur leurs droits et obligations, sur les solutions de logement qui leur sont adaptées, notamment sur les conditions d'accès au parc locatif et sur les aspects juridiques et financiers de leur projet d'accession à la propriété, ceci à l'exclusion de tout acte administratif, contentieux ou commercial » (extrait de l'article L.366-1 du CCH).

Pour trouver votre ADIL c'est sur le site de l'ANIL (Agence Nationale 'information pour le logement) sur le site internet *www.anil.org*[6]

Pour estimer votre bien, ou la valeur de celui que vous convoitez ?

C'est une application assez extraordinaire que l'État vient de mettre en ligne.

En effet c'est une carte de France qui recense l'ensemble des transactions immobilières avec leur prix, le nombre de m², la nature du bien (appartement, commerce etc) et bien évidemment sa localisation exacte sur... la carte du cadastre ! !

C'est LA base de toutes les mutations payantes nettes de frais de négociation et de notaire, c'est-à-dire que vous avez la véritable valeur foncière de tous les biens pour les transactions enregistrées de 2014 à 2018.

Chaque zone bleue correspond à une transaction.

Pour connaitre le détail, cliquez dessus et une fiche détaillée apparaît. Vous aurez le type de bien concerné par la transaction à savoir un local commercial, industriel ou un appartement, le nombre de m² et enfin l'adresse exacte.

---

[6] https://www.anil.org/lanil-et-les-adil/votre-adil/

Quoi que vous achetiez où que vous achetiez, vous avez à votre disposition le meilleur outil pour faire une estimation de la valeur de votre bien par rapport à sa zone.

Il n'y a rien de plus précis pour connaître les prix immobiliers de votre zone. Jusqu'à maintenant seuls les notaires avaient accès à ce type d'informations et encore, elles n'étaient pas aussi exhaustives.

> ➢ Site Etalab des mutations immobilières[7]

Simulateur de crédit

Il est indispensable de pouvoir simuler très rapidement le coût d'un crédit en fonction de la durée et du taux théorique d'emprunt que vous avez estimé.

Je vous conseille ce petit simulateur ultra rapide et qui ne nécessite pas d'avoir à remplir tout un questionnaire préalablement.

> ➢ Simulateur de crédit[8]

Le taux d'occupation de tous les Airbnb du monde entier ! !

Airbnb est le plus gros site au monde de location de meublés et de gîtes entre particuliers. La location meublée

---

[7] https://app.dvf.etalab.gouv.fr/
[8] https://www.simulationdecredit.fr/

atteint de tels niveaux que cela bouscule partout dans le monde les marchés immobiliers notamment dans les grandes villes touristiques.

En effet, il est nettement plus rentable et lucratif de louer son appartement à la nuit et de ne pas avoir à gérer les relations avec des locataires très protégés par les lois traditionnelles lorsqu'il s'agit d'une résidence principale.

Du coup la tentation est très forte pour lespropriétéaires de passer en meublés de tourisme. Beaucoup de villes importantes passent des lois vous obligeant à demander une autorisation à votre municapailité. Ce n'est pas le cas partout.

Néanmoins avec le site ci-dessous vous avez accès à l'ensemble des statistiques (une partie gratuite, une autre payante) concernant par exemple les taux d'occupation ainsi que le prix moyen de la nuité !

Bref, cela va vous donner des indications très précieuses sur ce que vous pouvez attendre comme rendement d'un éventuel placement de ce type.

Pour tout savoir c'est sur le site *https://www.airdna.co/*

Le logiciel global de gestion immobilière

Rentila est un site qui permet la gestion de vos biens locatifs.

Cela peut sembler facile dit comme cela, on peut même se demander pourquoi il serait nécessaire d'avoir un tel outil.

Lorsque vous êtes au régime micro-foncier, la question ne se pose pas.

Lorsque vous êtes au régime réel, c'est "l'enfer" adminsitratif et donc attention à la phobie qui peut vous guetter.

Il va falloir lister toutes les dépenses déductibles et il va falloir aussi mettre en face chaque date de règlement et de paiement.

Rentila vous permet de gérer tout cela est bien plus encore, puisque vous allez renseigner vos locataires, vos biens, vos états des lieux, tous les travaux et interventions que vous allez réaliser. Vous pourrez même renseigner dedans les fiches "entrepreneurs" ce qui permettra d'envoyer un mail de demande automatique à l'entreprise concernée pour votre demande de travaux.

Bref, c'est l'un des outils les plus complets du moment et les moins coûteux, puisque la formule totale coûte 6 euros par mois... déductible évidemment de vos revenus fonciers !

Rentila gère également les états des lieux, et sachez que les états des lieux sont un document fondamental dans votre gestion immobilière.

Vous pouvez maintenant les dématérialiser mais il est indispensable de les faire signer, même numériquement ! !

Les systèmes sur tablette de gestion des états des lieux !

Décret de 2016 autorisant les états des lieux dématérialisés ici sur Légifrance[9].

<u>Décret n° 2016-382 du 30 mars 2016 fixant les modalités d'établissement de l'état des lieux [10]</u>

9

https://www.legifrance.gouv.fr/affichTexteArticle.do;jsessionid=D7DFC8E20C80F33A27365BBC2E5C39AB.tpdila22v_3?idArticle=JORFARTI000032320575&cidTexte=JORFTEXT000032320564&dateTexte=29990101&categorieLien=id

10

https://www.legifrance.gouv.fr/affichTexte.do;jsessionid=84B5FE2F245A4DED6E2AEA72584BF850.tplgfr38s_2?cidTexte=JORFTEXT000032320564&dateTexte=29990101

Vérifier que les avis d'imposition de vos locataires sont bien des vrais ! !

Et oui c'est peu connu, pour ne pas dire presque secret ou confidentiel et pourtant il est possible de vérifier si l'avis d'ilmpositiobn qui vous est commuiqué par un locataire est le ... vrai avis d'imposition ! ! !

Voici le site sur lequel vous pouvez le faire en toute légalité puisque c'est l'État lui-même qui vous en donne la possibilité. Un outil à ne pas... ébruiter ! ! !

Pour vous connecter au site "SECAVIS"[11]

Géoportail, le portail de la connaissance du territoire !

Ce site vous permet de retrouver toutes les cartes accessibles mises en ligne par l'IGN qui est l'Institut National de Géographie.[12]

Le site géorisques !

Ce site vous permettra de visualiser les risques liés à votre parcelle et à l'environnement du bien que vous convoitez sans avoir à courir à droite et à gauche.

---

[11] https://cfsmsp.impots.gouv.fr/secavis/
[12] https://www.geoportail.gouv.fr/carte

Si cela ne remplace pas les documents qu'un notaire vous remettra, cela va vous faire gagner du temps et vous permettra de mieux connaître votre zone et de ne même pas aller vous engager sur tel ou tel bien puisque vous savez par exemple que telle zone est classée en zone inondable.[13]

---

[13] http://www.georisques.gouv.fr/

POUR VOTRE CRÉDIT, PENSEZ COURTIERS... !

Je suis en train de sélectionner un courtier de crédit (national) qui a les capacités à trouver des financements, aussi un peu exotiques du type, je veux acheter un appartement au Portugal et prendre un crédit.

Peu d'agences bancaires du coin sont capables de financer une acquisition à l'étranger.

Mais il y a aussi la recherche du meilleur taux, actuellement j'ai vu du 0.95% sur 15 ans ! !

Oui, vous avez bien vu, du 0.95% sur 15 ans...

Il y a aussi l'assurance qui a un coût très important, d'autant plus que les taux sont très bas, et qu'ils vont sensiblement le rester.

Bref, si vous avez besoin d'un financement, classique ou exotique, surtout n'hésitez pas à me contacter par mail à l'adresse *charles@insolentiae.com* en m'expliquant au mieux votre besoin de financement que je puisse vous orienter vers le meilleur interlocuteur.

A la clef, vous pouvez avoir soit des économies substantielles, soit un financement que vous ne trouviez pas, soit ... les deux !

Besoin d'un financement ? N'hésitez pas à me contacter en m'expliquant rapidement votre projet (rachat de crédit, renégociation de taux, ou nouvelle opération immobilière) que je puisse vous mettre en relation avec l'un de mes partenaires.

Écrivez-moi à *charles@insolentiae.com*

QUELLE STRUCTURE JURIDIQUE CHOISIR POUR CRÉER SON EMPIRE IMMOBILIER ?

Comment acheter vos biens immobiliers ? À titre personnel, ou encore en SCI ou en utilisant une société commerciale de type SAS ou SARL ?

Bref, quelle est la meilleure manière d'investir dans l'immobilier ?

Cette question peut sembler simple, mais ce n'est qu'une impression, en réalité il s'agit-là certainement du sujet le plus complexe de cet ouvrage et le plus vaste, car en fonction de ce que vous allez choisir, cela entrainera des conséquences fiscales très fortes, mais aura aussi des impacts matrimoniaux tout aussi conséquents.

Quels sont vos objectifs ? La transmission ? La défiscalisation ? La construction d'un « Empire » immobilier ?

Voilà le vrai sujet fiscal ! ! ! Faut-il une SCI et pourquoi pas même à l'IS ou une... SARL de famille, ou encore une SAS !

Je vous expose ici ma vision, pas une vérité intangible et absolue. Cette vision doit enrichir vos réflexions et votre stratégie pour trouver la meilleure solution pour VOUS.

Je pense qu'une SCI est une société civile, elle n'est par définition et par nature pas commerciale. Impossible par exemple de faire du loueur meublé en SCI.

La SARL de famille, même si elle est de famille, est une... SARL, et une SARL rime généralement avec le RSI et son fonctionnement désastreux et ingérable sans oublier les charges sociales qui vont avec !

Une SAS est une société anonyme et commerciale qui n'est pas assujetti au RSI et avec laquelle vous pouvez opter aussi pour les paiements en dividendes et... la *flat tax* de 30% qui peut être sacrément avantageuse.

Je sais que l'impôt est progressif mais il n'est progressif qu'à hauteur de quoi... 70 ou 100 000 premiers euros en fonction de votre nombre de parts. Pour les hauts revenus, les revenus fonciers viennent se rajouter et tout le reste est taxé à... 45% dans le pire des cas.

Le cas particulier de la SARL dite « de famille ».

Le recours à une société pour exercer l'activité de loueur en meublé est judicieux mais pas n'importe laquelle !

La SCI (société civile immobilière) n'est pas adaptée à la location meublée car elle a précisément comme objet civil la location nue. La location meublée étant une activité commerciale, la SCI qui y recourt doit être soumise à l'impôt sur les sociétés.

La SARL doit avoir un objet commercial or la location

meublée entre justement dans cet objet ».

Source : *http://www.lokizi.fr/sarl-de-famille.html*

Activité mixte des SCI et des SARL de famille

L'objet de cette note est d'étudier les conséquences des activités mixtes des SCI et des SARL de famille du type location nue et location meublée ou parahôtellerie.

Une SCI peut-elle avoir une activité de location meublée et bénéficier du régime des sociétés de personnes ?

La location meublée est juridiquement civile mais elle relève des BIC (Bénéfices Industriels et Commerciaux).

L'article 206-2 du CGI énonce le principe de l'imposition à l'IS des SCI lorsqu'elles exercent des activités BIC :

"(...) Sous réserve des dispositions de l'article 239 ter, les sociétés civiles sont également passibles dudit impôt (l'IS), même lorsqu'elles ne revêtent pas l'une des formes visées au 1, si elles se livrent à une exploitation ou à des opérations visées aux articles 34 et 35 (à savoir BIC) (...)"

Le principe général est que l'exercice d'une activité relevant des BIC entraine l'imposition à l'IS.

Or la location meublée relève des BIC, ce qui est prévu expressément par la loi depuis 2017.

L'article 35 du CGI dispose :

"Présentent également le caractère de bénéfices industriels et commerciaux, pour l'application de l'impôt sur le revenu, les bénéfices réalisés par les personnes physiques" (...) "qui donnent en location directe ou indirecte des locaux d'habitation meublés ".

Avant la réforme de 2017, la location occasionnelle meublée ne constituait pas une activité BIC.

Cependant, aujourd'hui, la location meublée, même occasionnelle, constitue un BIC et entraine donc le passage à l'IS.

Une SCI peut-elle rester imposable à l'IR si elle exerce une activité de location meublée de façon accessoire ?

Il existe une exception au principe général d'assujettissement à l'impôt sur les sociétés si la SCI exerce l'activité BIC de façon accessoire.

L'administration admet que la société civile ne soit pas effectivement soumise à l'impôt sur les sociétés au titre de l'année de dépassement :

"si la moyenne des recettes hors taxes, de nature commerciale, réalisées au cours de l'année en cause et des trois années antérieures n'excède pas 10% du montant moyen des recettes totales hors taxes réalisées au cours de la même période". (BOI-IS-CHAMP-10-30 n° 320 et 330).

L'administration fiscale n'exige pas le paiement de l'IS par la SCI du moment que "le montant hors taxes de ses recettes de nature commerciale n'excède pas 10% du montant de ses recettes totales HT".

Si la location meublée représente au maximum 10% des recettes HT, il est donc possible de rester soumis à l'IR.

De plus, l'administration tolère un franchissement occasionnel de cette barre des 10%. Il suffit que la moyenne des recettes hors taxes de l'année en cours et des 3 années précédentes n'excède pas 10%.

Une SARL de famille peut-elle conserver son régime fiscal des sociétés de personnes si elle a aussi une activité de location nue ?

Les SARL peuvent bénéficier d'un régime dérogatoire d'imposition à l'IR lorsqu'elles sont constituées par des personnes d'une même famille et sous réserve d'une option en ce sens. C'est le régime de la transparence fiscale dérogatoire dit de la "SARL DE FAMILLE".

Pour être une SARL de famille, la société doit également exercer exclusivement des activités BIC.

Il n'existe aucune tolérance.

Même si l'activité ne relevant pas des BIC représente un pourcentage très faible du chiffre d'affaires, il n'est pas possible de bénéficier du régime des SARL de famille. Il n'existe pas de tolérance similaire à celle appliquée pour les SCI.

Comme la location nue ne relève pas des BIC, si une SARL exerce une activité de location nue, même très limitée, elle perd en principe son régime dérogatoire de la transparence fiscale et devient assujettie à l'impôt sur les sociétés.

Une SARL de famille peut-elle continuer d'être imposée à l'IR si elle mène une activité de location nue de façon accessoire et indissociable à location meublée ?

Le régime de la SARL de famille n'est pas remis en cause si l'activité non BIC exercée présente un caractère accessoire et constitue le complément indissociable d'une activité BIC (voir CE 7 août 2008, n° 283238 RJF 11/08 n° 1211).

La question pourrait se poser de savoir si une activité civile de location nue ne pourrait pas constituer une activité accessoire et indissociable d'une activité BIC de location meublée ou de parahôtellerie.

En pratique, c'est un peu difficile à concevoir. Il faut imaginer une location nue directement accessoire et indissociable de la location meublée ou de l'activité para-hôtelière. Peut-être ce serait le cas par exemple de la location d'un parking accessoire à la location d'un appartement meublé.

Pour un cas de refus du caractère accessoire de la location nue pour une SARL exerçant une activité hôtelière voir CAA Nancy 15 mars 2005 n°01-1230 RJF 8-9/05 n°886.

Conclusion

Les SCI sont faites pour exercer l'activité de location nue et les SARL de famille pour les activités BIC et il faut éviter les mélanges.

Mais rien n'interdit de changer de type de société pour rester en conformité. Par exemple une SCI qui fait de la location nue peut se transformer en SARL de famille pour exercer l'activité de location meublée.

45% + 17.2% de prélèvements sociaux. Vous arrivez donc à 62.2% de taxation ! ! Considérable donc.

Avec une SAS vous payez d'abord l'IS (impôts sur les sociétés) au taux de 15% jusqu'à 38K€ de bénéfice, puis 33% après, tout en sachant que ce taux doit baisser à 28% puis à 26% d'ici la fin du quinquennat Macron.

Ensuite vous payez vos 30% de *flat tax*, prélèvements sociaux inclus !

Conclusion dans le pire des cas (bénéfice supérieur à 38K€) vous allez payer 63% (33% + 30) soit 0.8% de plus qu'à titre personnel et sans SAS.

Mais.... Mais, vous allez pouvoir tout faire. D'abord du loueur en meublé comme vous le voulez, ensuite vous allez pouvoir tout déduire y compris les fameux 8 ou 9% de frais de notaires ! ! ! Mais ce n'est pas tout, tous les ans vous allez amortir environ 3% de la valeur de votre bien, toutes les charges viennent en déduction de votre chiffre d'affaires et viennent réduire vos bénéfices.

En gros si vous louez 10 biens à 100K€ pièce plus 10% de frais de notaire soit 10K€ par bien et que vous louez chaque bien pour 10K€ de revenus fonciers chaque année (pour simplifier les calculs), vous allez faire un CA de 100K€.

CA de 100K€

Amortissement 3% de la valeur des biens soit 30 000 euros

Déduction des frais de notaire 10x10K€= 100K€

Ensuite vous allez déduire vos 10 taxes foncières soit disons 10 000 euros.

Enfin vous déduirez tout, de l'ampoule changée, aux travaux réalisés, y compris la femme de ménage pour votre meublé, tout y passera !

Dans cet exemple parce que vous achetez 10 biens d'un coup, il y a 100 000 euros de frais de notaires (frais de mutations) mais si vous n'aviez acheté qu'un bien ou deux cette année, vous auriez 10 ou 20K€ à déduire... c'est considérable.

Entre l'amortissement des biens et de un à trois achats par an de 100K€ vous réduisez vos bénéfices à moins de 50K€ et donc vous profitez à plein de votre IS à taux réduit.

Vous allez me dire c'est génial, pourquoi tout le monde ne fait-il pas cela ?

D'une part parce que la fiscalité change et que les prélèvements sociaux sont passés de 0.5% en 1996 à 17.2% aujourd'hui en 2019 !

Ensuite parce qu'une fois que vous avez commencé à accumuler du patrimoine à titre personnel c'est difficile et coûteux de tout basculer dans une SAS.

Également parce que tous les "bons" conseillers vont vous parler de la... SCI !

Aussi parce que créer une SAS est coûteux, et que la comptabilité et le secrétariat juridique sont nettement plus onéreux. Pour faire simple une SAS va vous coûter 4000 euros par an en expert-comptable ! !

Si vous achetez deux biens, vos deux premiers loyers vont servir à payer le comptable et ne vous permettrons même pas de rembourser le crédit !

Voilà disons-le, la SAS c'est un outil pour riches ou pour un pauvre qui a compris comment faisaient les riches et qui va accepter de ne pas gagner pendant quelques années pour gagner plus après ! !

Comment faire alors ?

Vous pouvez commencer à amorcer la pompe à titre personnel en revenus fonciers classiques. Vous faites du déficit foncier avec des travaux ce qui implique de mettre en location 3 ans... puis une fois que vous avez accumulé quelques biens, remboursé quelques crédits, et aussi atteint entre 50 et 100K€ de loyers perçus, vous pouvez aller voir votre banquier et lui dire :

Bonjour, j'ai 10 biens à 100K€ soit 1 million d'euros à titre personnel et qui font 100K€ de revenus fonciers. Prêtez moi 1 million d'euros pour que ma SAS puisse me les racheter. Le banquier dit d'accord (il vous connait et voit bien vos 100K€ de revenus fonciers). Votre SAS prend donc un crédit de 1 million d'euros pour racheter vos appartements. Ce crédit va être remboursé par vos loyers tranquillement et le plus naturellement.

Vous, vous avez à titre personnel remplacé 1 million d'euros en biens immobiliers par 1 million d'euros en cash et 1 million d'euros dans une SAS. Vous avez donc 2 millions d'euros d'actifs et 1 de passif à des taux proches de zéro.

Le banquier vous demande de placer votre million d'euros en cash en assurance-vie. Vous lui dites surtout pas malheureux, mais en actions Air Liquide si tu veux ! ! Vous allez avoir quoi ... 2 à 3% de dividendes chaque année et Air Liquide est sans doute l'une des meilleures actions... ; évidemment vous allez en prendre plusieurs et ne pas mettre tout sur Air-Liquide, votre banquier vous dira oui, car les actions sont de plus en plus considérées dans cet univers de taux bas comme... des quasi-obligations !

Vous finirez par gagner 10% sur vos actions Air Liquide grâce à de l'argent que vous n'aviez pas, et à percevoir vos loyers sans soucis de... fiscalité immobilière puisque vous avez 1 million de crédit, les biens à amortir, et les frais de notaires à déduire... bref, c'est exquis !

C'est légal.

Et c'est le genre de raisonnement et de stratégie que vous devez adopter et à laquelle vous devez vous former.

Les pauvres gueux comme nous travaillent généralement pour de l'argent, alors que les riches font travailler l'argent pour eux.

Vous avez ici, sous les yeux un montage et des mécanismes qui vous permettent de comprendre cette phrase. Faites travailler l'argent pour vous !

Le plus dur, c'est d'amorcer la pompe et de savoir où vous voulez aller ! !

Le vrai défaut....de la SAS immobilière ? Les plus-values à la revente !

Pour faire simple, si vous revendez votre patrimoine immobilier de 1 million d'euros totalement amorti, vous allez payer de l'IS sur la totalité du prix de vente ! !

Imaginons donc que vous vendiez vos biens pour 1 million d'euros avec un taux à 33% d'IS, vous serez redevable de... 333 000 euros d'IS...

Lorsque l'on choisit l'IS et les amortissements, on choisit en réalité de différer l'impôt à la revente. Ce qu'il y a d'intéressant donc, c'est de ne pas subir les revenus fonciers très pénalisants, tout en sachant que la taxation en cas de revente est punitive mais... qu'il est possible de faire aussi des donations et de préparer sa succession par des cessions de parts qui n'entrainent pas la vente des biens...

La stratégie de l'IS à travers une SARL, une SCI ou une SAS revient à vouloir conserver ses biens pour « la vie » et même après !

Une fois choisi l'IS par rapport à l'IR se pose la question du choix de la structure SAS, SCI ou SARL.

N'oubliez pas les règles suivantes. Une SARL c'est le RSI et globalement pas de dividendes donc pas de *flat tax* à 30% possible. La SCI ne peut pas faire de meublé et de prestations commerciales.

La SAS parce qu'elle est une structure à vocation commerciale et non civile vous permet de faire ce que vous voulez dans la limite de votre objet social prévu dans vos statuts.

Chapitre II - Comment réduire ses impôts avec l'immobilier ?

INTRODUCTION

En ces temps troublés, la pierre est évidemment une valeur refuge particulièrement populaire, d'autant plus dans un contexte de taux d'intérêt bas.

Car si normalement tous les impertinents stratégistes que vous êtes ont parfaitement compris l'intérêt des métaux précieux en général et de l'or en particulier, il n'en reste pas moins vrai que seul l'immobilier permet de recourir à l'emprunt et donc au levier de la dette.

Vous allez me dire, « oui, mais il ne faut point trop s'endetter » ! !

C'est à la fois vrai et faux.

Vrai car de toutes les façons, en soit, la dette fragilise

évidemment un foyer et l'endettement doit rester totalement maîtrisé.

Pour vous donner un exemple personnel, lorsque nous avons acheté notre "petite" fermette, enfin « notre petite ruine » comme le dit plus justement mon vieux père, nous avons pris un crédit de 50 000 euros sur 15 ans. Bref, cela nous coûte quelque chose comme 390 euros par mois. Avec deux smic, et même un, nous pouvons faire face aux remboursements d'emprunt.

C'est cela que j'appelle un taux d'endettement maîtrisé. Prenez simplement de la marge quand vous le pouvez car vous n'en aurez évidemment pas tout le temps le loisir, et j'en suis parfaitement conscient. Avec ma femme, nous sommes quarantenaires, nous avons toujours travaillé et surtout nous avons été très économes, et je ne dispose pas de costumes à 30 000 euros ni mon épouse de tailleurs Chanel ! !

Nous avons mené une véritable politique de construction patrimoniale visant à nous « affranchir » de la nécessité de supporter tout et n'importe quoi de la part du système totalitaire marchand qui nous aliène... (C'était ma minute de révolutionnaire.)

Être libre, c'est être financièrement le plus indépendant possible, l'épargne et votre patrimoine sont les instruments capitaux de votre liberté individuelle.

Il ne faut pas non plus oublier que la dette sert à investir ! Comme vous le savez, on n'investit pas dans une BMW (forts belles les dernières d'ailleurs, j'aime beaucoup le design), on dépense. En revanche, on peut investir dans l'immobilier. On peut investir dans un commerce, dans le lancement de son entreprise, bref, on peut investir dans les choses productives qui vont donc vous permettre de tirer des revenus futurs plus ou moins importants, d'où l'autre notion de TRI, ou taux de retour sur investissement, mais ce n'est pas le but du présent sujet, quoiqu'encore une fois cela soit lié.

En investissant dans l'immobilier, il existe des possibilités d'optimisation fiscale, comprenez ainsi que vous allez pouvoir déduire de vos impôts certains montants.

Je m'en vais donc vous expliquer tout cela, mais surtout les grands pièges à éviter et dans lesquels tout le monde ou presque... tombe ! !

LES MÉANDRES DE LA FISCALITÉ IMMOBILIÈRE

Il y a une grande quantité de dispositifs permettant des réductions d'impôts avec l'immobilier, plus ou moins complexes, mais surtout plus ou moins coûteuses. Je vais vous les passer rapidement et brièvement en revue, car en réalité, nous allons nous concentrer sur les deux façons les plus simples et les plus efficaces pour réduire ses impôts avec l'immobilier.

La loi Censi-Bouvard : investir dans les résidences de services

L'amendement Censi-Bouvard est destiné à l'investissement locatif meublé, dans des résidences avec services (étudiantes, d'affaires, pour personnes handicapées ou médicalisées...). En 2012, ce dispositif de défiscalisation a été prolongé pour 4 ans et devrait donc prendre fin le 31 décembre 2017. Grâce à une gestion simplifiée et un cadre fiscal avantageux, la location meublée continue de séduire les investisseurs.

En effet, la loi Censi-Bouvard permet à un investisseur de bénéficier d'une réduction d'impôt de 11% répartie sur 9 ans (entre 2013 et jusqu'à fin 2017) et de la récupération de la TVA, s'il acquiert un bien immobilier (neuf, en futur état d'achèvement ou réhabilité) destiné à la location, meublé et intégré à une résidence avec services à caractère social.

Attention, beaucoup de contraintes de gestion, et de contraintes de choix d'opérateur. Si l'entreprise qui gère votre résidence fait faillite, vous pouvez perdre tous vos avantages fiscaux et vous risquez la requalification fiscale. C'est donc un dispositif qui concerne les gens et les foyers qui ont des moyens financiers très importants pour se lancer là-dedans.

La loi de défiscalisation Girardin

La loi de défiscalisation Girardin permet aux investisseurs d'obtenir une réduction d'impôt lors de l'achat ou de la construction d'un logement neuf en outre-mer.

Cette réduction d'impôt varie en fonction de la nature de l'investissement et de la date de sa réalisation. Les îles ultramarines concernées par cette loi sont : Guadeloupe, Guyane, Martinique, La Réunion, Mayotte, Nouvelle-Calédonie, Polynésie française, Saint-Barthélemy, Saint-Martin, Saint-Pierre-et-Miquelon, Wallis-et-Futuna. Cette loi ne doit pas être confondue avec le dispositif Pinel outre-mer, qui n'offre pas les mêmes avantages.

Les avantages d'un investissement en Loi Girardin sont évidents puisque vous allez pouvoir bénéficier d'une réduction d'impôt de 22% à 50% du montant de l'investissement, ce qui est bigrement intéressant surtout que l'on peut aussi profiter d'un plafonnement de la niche fiscale de 18 000€ en outre-mer, supérieur à celui pratiqué en Métropole de 10 000 euros ! !

Les déductions sont donc potentiellement très importantes.

Vous allez me dire « c'est génial, fonçons » !

Oui, allez-y, je vous regarde !

Si le législateur vous fait un cadeau, sachez qu'il est toujours empoisonné ! Toujours. Vous aurez un bien très éloigné de chez vous, si vous n'êtes pas un « ultramarin », autant dire que vous ne connaissez pas les risques outre-mer, qu'ils soient d'impayés, de gestion, d'emplacement... et évidemment le risque par exemple cyclonique qui peut vous ravager une résidence en deux coups de cuillère à pot !

Bref, là encore, à moins d'être originaire de ces zones ou d'en avoir une parfaite connaissance, il s'agit d'investissements profondément risqués, et si vous parlez un jour aux plus anciens, ceux qui sont passés les premiers sur ce type de défiscalisation dites en loi « Pons » (j'étais bien trop jeune à l'époque pour tester), je peux vous assurer qu'ils se sont tous fait « tarter » ou presque ! !

La loi sur les monuments historiques

Ce que l'on ne sait pas, c'est qu'elle fut promulguée le 31 décembre 1913 ! ! La loi Monuments historiques a déjà plus d'un siècle ! Cette disposition législative a été conçue pour favoriser et stimuler l'entretien et la valorisation du patrimoine présentant un intérêt artistique ou historique. Utiliser la carotte fiscale pour garantir la protection et la conservation de ces bâtiments exceptionnels est le principe de cette loi. La loi Monuments historiques est souvent citée comme modèle.

Tous les contribuables Français peuvent profiter de la défiscalisation en Monuments historiques. Mais en général, elle intéresse les contribuables fortement imposés cherchant à réduire de manière drastique leur facture fiscale, en achetant et rénovant un bien immobilier classé ou agréé par les affaires culturelles.

Conformément à la loi, ces travaux de restauration doivent être suivis et validés par un "Architecte des Bâtiments de France".

En 2015, 43 600 immeubles bénéficiaient de la protection de la loi Monuments Historiques. Près de la moitié d'entre eux, 49,4% pour être précis, sont des propriétés privées.

Au niveau fiscal, la totalité des charges liées à l'entretien et la restauration du bien ainsi que les intérêts d'emprunt sont déductibles des revenus du propriétaire. Cette réduction fiscale peut atteindre jusqu'à 45% du revenu imposable. Autre avantage de taille : cet avantage fiscal n'est pas concerné par le plafonnement des niches fiscales de 10 000 euros par an. Seule limite : 200 000 euros de déduction fiscale maximum par an dans le cas où le bâtiment n'est pas ouvert au public...

Pour être un peu taquin, notre ami François Fillon peut

donc déduire un gros paquet du montant de ses travaux dans son château si ce dernier est classé monument historique... Vous voyez ce que je veux dire ! !

C'est donc un outil puissant, mais réservé à une petite minorité car rares sont ceux qui habitent des monuments historiques, sans oublier le fait que cela implique des coûts souvent prohibitifs lorsqu'il faut refaire de la taille de pierre d'époque médiévale...

Voilà pour un très rapide tour d'horizon afin d'illustrer le nombre important de méthodes permettant des défiscalisations immobilières.

Passons maintenant aux choses sérieuses, à savoir les deux outils qui sont les plus appropriés pour les plus nombreux parmi nous, c'est-à-dire la Loi Pinel et ce que l'on appelle le « déficit foncier » qui a nettement ma préférence et je vous expliquerai pourquoi par la suite.

La loi Pinel : c'est quoi ?

C'est un dispositif d'investissement locatif qui permet de bénéficier d'une réduction exceptionnelle d'impôts de 21% ! Avant, vous aviez eu droit aux « Robien » ou encore, plus récemment, au « Scellier », sans oublier les célèbres « Duflot » ! ! Chaque ministre qui passe laisse généralement son nom à la loi de défiscalisation du moment.

Si d'un mamamouchi à l'autre souvent quelques éléments sont différents, la logique de base reste toujours la même.

Si vous achetez un bien immobilier, généralement un appartement plus ou moins en cours de construction dans une zone plus ou moins pourrie, vous aurez droit de déduire de vos impôts une partie (plus ou moins petite) du prix de d'achat dudit bien immobilier.

Voici pour la logique de base.

La loi PINEL est donc le successeur du Dispositif Duflot et propose une réduction d'impôts pouvant aller jusqu'à 21% de votre investissement immobilier à but locatif.

Vous devrez choisir entre plusieurs durées de location de 6, 9 ou 12 ans et c'est cette durée qui va conditionner le montant maximum que vous pourrez déduire de vos impôts sur le revenu qui, comme vous le savez, agace « psychologiquement » parlant plus d'un Français.

La loi Pinel explique l'essentiel des constructions dans bien des périphéries de grandes villes françaises car c'est là où voit le jour de très nombreux programmes neufs vendus sur plans par des équipes de commerciaux rôdés aux techniques parfois les plus agressives et qui partiront de chez vous à 23 heures après vous avoir fait signer un contrat d'achat en VEFA pour un appartement dont on vous a vanté les mérites dans une ville que, bien souvent, vous ne connaissez pas et dans laquelle vous ne mettrez sans doute jamais les pieds.

C'est d'ailleurs à ces techniques que l'on doit l'exécrable réputation des appartements achetés sous le régime dit de la loi « Robien » (du nom du ministre du Logement de l'époque, Gilles de Robien) et qui avait aussi donné lieu à un reportage télé resté célèbre dans le landerneau des investisseurs immobiliers et intitulé « Les Robien de la Colère » en référence à l'ouvrage *Les raisins de la colère*.

Les informations à connaître avant de se lancer dans un investissement immobilier !

Je vous invite à regarder, avant tout investissement en défiscalisation immobilière dans le neuf et en particulier si vous envisagez une « loi Pinel », ce reportage qui sera très salutaire.

D'autres, avant vous, ont déjà essuyé les plâtres, et croyez-moi, les plâtres sont exactement les mêmes et rien n'a vraiment changé ! !

Les mêmes erreurs produiront les mêmes conséquences financières.

Profitez donc de l'intelligence et de l'expérience collective.

Partie 1 ici : *https ://youtu.be/hCPR8v3wMwU*

Partie 2 ici : *https ://youtu.be/dYHeg8T7dul*

N'oubliez pas que presque tous les terrains en centre-ville sont déjà bâtis ou presque. Les programmes neufs sont toujours dans des zones excentrées. Plus que jamais, vous devez être ultra sélectif, et ne jamais oublier les trois règles de l'achat immobilier. Il y a 3 critères : l'emplacement, l'emplacement... et l'emplacement, comme on dit sous forme de boutade.

Autre conseil : n'achetez jamais sans aller voir le terrain et la localisation précise... sur place ! Visitez. Regardez l'environnement et appréciez aussi son avenir et son devenir.

L'autre vidéo que je vous invite à regarder avant tout investissement conséquent est celle ci-dessous consacrée au scandale Apollonia. C'est édifiant... mais très instructif ! !

Voir le reportage ici : *https ://youtu.be/JfRFWQ6Jv-k*

La loi Pinel : comment ça marche ?

La loi Pinel s'adresse à tous les contribuables français qui acquièrent un logement neuf (logement destiné à la location) ou en l'état futur d'achèvement, jusqu'au 31 décembre 2017.

Les investisseurs Pinel bénéficient d'une réduction d'impôts sur le revenu de 21% répartie de manière linéaire sur toute la durée de la location.

Les avantages fiscaux seront proportionnels à la durée d'engagement de mise en location du Logement Pinel sur 6, 9 ou 12 ans :

> ➢ 21% pour les investisseurs de 2017 qui s'engagent à louer l'appartement sur 12 ans ;
> ➢ 18% pour les investisseurs de 2017 qui s'engagent

à louer l'appartement sur 9 ans ;
- ➢ 12% pour les investisseurs de 2017 qui s'engagent à louer l'appartement sur 6 ans.

Sont éligibles à la loi Pinel tous les immeubles neufs, dont les caractéristiques thermiques et la performance énergétique sont conformes à la réglementation thermique Pinel en vigueur « RT 2012 ».

L'objectif de la Loi Pinel est de soutenir la rénovation et l'amélioration énergétique des bâtiments. Pour autant, les Logements neufs et éligibles à la Loi Pinel vont pouvoir bénéficier de réductions de normes... Bon, tout cela est un peu confus, mais l'essentiel n'est pas là ; d'ailleurs les promoteurs sauront placer leurs produits dans les bonnes cases techniques pour que vous ayez les bonnes défiscalisations.

Quelques règles de fonctionnement à ne pas oublier

Depuis le 1er septembre 2014, le logement doit être achevé dans les 30 mois non plus de la date de la déclaration d'ouverture de chantier mais de la date de la signature de l'acte authentique.

Les loyers sont plafonnés et inférieurs de 20% aux loyers du marché.

L'engagement de location doit être effectif dans les 12 mois qui suivent la date d'achèvement de l'immeuble.

Le plafond d'investissement retenu est de 300 000€ et limité à 2 logements par an.

Un plafond de 5500€ par mètre carré de surface habitable est retenu quelle que soit la localisation du logement Pinel.

Plafond de ressources pour les locataires des appartements éligibles au dispositif Pinel (voir ci-dessous).

La loi Pinel est incluse dans le plafond sur les niches fiscales et ne peut dépasser le plafond global de 10 000€ / an !

La location pourra être conclue avec un membre du foyer fiscal, un ascendant ou un descendant du contribuable.

Le démembrement est interdit aussi bien pour les particuliers que pour les SCI. La réduction d'impôt Pinel n'est donc pas applicable aux logements dont le droit de propriété est démembré.

L'achat en indivision est possible ! Dans le cadre du régime Pinel, lorsque le logement est détenu en indivision, chaque indivisaire bénéficie de la réduction d'impôt dans la limite de sa quote-part du prix de revient

Combien peut-on économiser d'impôts concrètement ?

La loi Pinel permet au maximum une réduction d'impôt de 21% du prix de revient du logement.

Cette réduction d'impôt s'étale sur 12 ans de manière linéaire.

Exemple : pour un investissement de 200 000€, la réduction est de 42 000€ sur 12 ans, soit 3 500€/an

Pour 300 000 euros sur 12 ans, on parle donc de 63 000 euros (les 21% de 300 000 euros) que l'on va diviser par 12, ce qui fait que chaque année, pendant 12 ans, vous pourrez déduire de vos impôts sur le revenu… 5250 euros !

Si votre bien n'est pas loué pendant ces 12 ans, vous perdrez la déduction d'impôt sur la totalité de la durée… Donc attention ! !

Ensuite, vous allez acheter à des niveaux de prix très élevés. Vous allez déduire au mieux 21%. Si le bien que vous achetez est surévalué de 20%, ce qui est souvent le cas, la réalité c'est que vous ne gagnerez strictement rien et vous allez prendre des risques importants pour aucun gain…

Donc, encore une fois, attention ! !

Les plafonds de loyers 2017 de la loi Pinel

Plafonds de loyers mensuel en€/m²

Plafonds Pinel révisés tous les ans au 1er janvier	Zone A Bis	Zone A	Zone B1	Zone B2
	16.83€	12.50€	10.07€	8.75€

Les plafonds de loyers sont minorés ou augmentés selon la taille du logement avec le "**Coefficient Multiplicateur**" suivant : 0,7 + (19 / Surface). Le résultat est arrondi à la deuxième décimale la plus proche et ne peut excéder 1,2.

Les plafonds de ressources des locataires loi Pinel 2017

Plafonds de ressources des locataires en €

	Zone A Bis	Zone A	Zone B1	Zone B2
Personne seule	36.993€	36.971€	30.151€	27.136€
Couple	55.287€	55.287€	40.265€	36.238€
Personne seule ou couple + 1 enfant à charge	72.476€	66.460€	48.422€	43.580€
Personne seule ou couple + 2 enfants à charge	86.531€	79.606€	58.456€	52.611€
Personne seule ou couple + 3 enfants à charge	102.955€	94.240€	68.766€	61.890€
Personne seule ou couple + 4 enfants à charge	115.851€	106.049€	77.499€	69.749€
Majoration pour personne à charge complémentaire	+ 12.908€	+ 11.816€	+ 8.646€	+ 7.780€

Déficit foncier : une astuce fiscale non plafonnée

Bon, disons-le, c'est mon système préféré pour défiscaliser réellement des biens immobiliers généralement nettement plus pertinents à l'achat, avec des prix nettement plus avantageux, une rentabilité bien meilleure, et surtout, vous vous "enrichissez" vous ! Vous n'engraissez pas les intermédiaires qui tous se gavent sur votre dos, avec votre argent !

Les produits "packagés" sont à fuir comme la peste, car qui dit « package », dit « marketing » ! Tout cela vous allez le payer très cher !

Lorsque vous achetez un Pinel, vous payez la marge du promoteur, les émoluments du notaire, mais vous payez aussi la TVA sur la construction, vous allez payer aussi et c'est une évidence la marge de la société qui commercialise tout cela, sa marge, mais aussi le salaire du commercial qui sera venu jusqu'à chez vous vous faire signer vos papiers (une ramette) à 23h...

N'imaginez pas que cela ne coûte rien. Cela vous coûte énormément, environ, et a minima, 20% de la valeur du bien.

Acheter un bien neuf en défiscalisation c'est comme acheter une voiture neuve : vous sortez de chez le concessionnaire ou de chez le notaire et vous avez perdu 20% ! Mais vous êtes content, car vous allez au mieux pouvoir déduire ... 21% sur 12 ans ! ! Vous êtes en plus ficelé pour... 12 ans.

Bref, défiscalisation = prison !

Alors vive le déficit foncier !

Relativement méconnu des investisseurs, le déficit foncier – souvent appelé « loi déficit foncier » – est un mécanisme fiscal permettant d' » effacer » une partie de ses revenus fonciers de ses impôts. L'un de ses avantages majeurs ? Ce dispositif de droit commun n'entre pas dans le plafonnement global des niches fiscales. Ses effets minorants sur la facture fiscale peuvent s'ajouter à ceux des autres lois de défiscalisation.

Échappant au plafonnement global des niches fiscales – fixé à 10 000 euros annuels –, le déficit foncier permet de réduire de manière drastique et tout à fait légale ses revenus fonciers imposables.

Il existe un déficit foncier lorsque la totalité des charges déduites dépasse les revenus locatifs générés. Par exemple, si le propriétaire réalise d'importants travaux dans son logement et que le coût de ces travaux est déductible, sa défiscalisation peut être supérieure aux revenus perçus.

La différence est appelée « déficit foncier ».

La loi autorise le contribuable à retrancher ce déficit de ses autres revenus perçus (salaires, dividendes perçus...) dans la limite de 10 700 euros. Une fois cette opération de soustraction réalisée, s'il existe encore un surplus, il est possible de reporter cet avantage fiscal dans le temps, sur 10 ans maximum ! ! Vous avez bien lu, 10 ans ! !

Pour pouvoir faire jouer le déficit foncier, le propriétaire du logement doit opter pour le régime réel d'imposition.

Dans ce cas-là, vous remplirez ce que l'on appelle une « 2044 » (c'est le numéro du CERFA concerné).

Systématique au-dessus de 15 000 euros de revenus générés, il est optionnel en dessous de ce montant. Le contribuable doit donc demander à changer de régime auprès de l'administration fiscale. L'autre régime appliqué par défaut est le régime micro-foncier, permettant un abattement automatique de 30% représentatif des charges. Si le montant de vos charges est supérieur à 30% de vos revenus, vous avez donc tout intérêt à modifier votre régime d'imposition.

Comprendre le déficit foncier par l'exemple !

Vous achetez un bien que vous louez 600 euros par mois. Vous avez donc 7200 euros de revenus fonciers annuels qui seront fiscalisés dans votre déclaration d'impôts sur le revenu. Ces loyers vont venir grossir vos revenus donc votre IRPP !

Imaginez que vous achetiez une deuxième maison. Vous la louez 600 euros aussi par mois. Vous aurez donc 7200 euros de loyers également auxquels s'ajoutent les 7200€ de votre bien précédent !

Vous gagnez donc 14 400 euros de loyers fiscalisés. Sauf que vous êtes malin, vous avez acheté une ruine pas chère que vous avez retapée. Vous avez dépensé mettons... 40 000 euros de travaux.

Cette année, vous allez déclarer 14 400€ de revenus –

40 000 euros de travaux et charges, soit un déficit de 29 600 euros en votre faveur.

Vous n'allez donc payer aucun impôt sur vos revenus fonciers qui sont ramenés à 0 ! Mais mieux encore, vous avez à votre disposition un "stock" de déficit de 29 600€. Vous allez donc en plus pouvoir imputer sur vos revenus une partie de ce reliquat.

10 700 euros très exactement qui vont venir en réduction de votre revenu imposable qui va donc diminuer de ce montant ! ! Mais quand vous retirez 10 700 euros à vos 29 600 euros de déficits, il vous reste encore un reliquat de 18 900 euros...

Merveilleux n'est-ce pas ?

Qu'en faire me demanderez-vous ?

Eh bien l'année prochaine, vous allez encore encaisser vos 14 400 euros de loyers... et vous reporterez votre réserve de déficits fonciers de 18 900 euros... Encore une fois, vous ne paierez pas payer d'impôt sur vos revenus fonciers ! !

Elle n'est pas belle la vie ?

En opérant de cette façon-là, vous avez également quelques obligations... mais très légères !

Il faut louer au moins 3 ans (location continue et effective) à un locataire à usage de résidence principale.

Inutile également d'espérer profiter du dispositif pour des immeubles professionnels ou commerciaux.

L'autre écueil à éviter lors de l'utilisation de ce dispositif est d'intégrer au déficit foncier les travaux de construction, reconstruction et d'agrandissement qui ne doivent pas être pris en compte, au risque d'un redressement fiscal ! !

Il s'agit de travaux de remise en état. Ils peuvent être très conséquents mais, on n'agrandit pas ! On ne construit pas ou on ne reconstruit pas des murs. Bref, il ne faut pas de travaux de gros œuvre en gros. Vous pouvez acheter 4 murs et un toit, ruinés à l'intérieur, et le tour est joué.

Vous l'avez sans doute compris, inutile de louer votre bien pendant 12 ans, vous pouvez le faire pendant uniquement trois ans et revendre après ou pas.

Cela va vous permettre de gommer vos autres revenus fonciers, sur la durée en plus.

Vous n'allez pas engraisser des intermédiaires et surpayer un bien dont vous ne connaissez pas la qualité.

Vous n'êtes plus limité au neuf, vous pouvez dénicher les bonnes affaires dans l'ancien.

Il faut que vous sachiez qu'en plus des travaux, quand vous optez pour le régime réel, alors vous pouvez déduire tout un ensemble de charges ! C'est comme un mini-compte de résultat pour une entreprise appliquée à votre patrimoine immobilier.

Les charges prises en compte dans le déficit foncier

- Les dépenses de réparation et d'entretien.
- Les primes d'assurance.
- Les charges de copropriété à la charge du propriétaire.
- Les intérêts d'emprunt.
- Les frais de gérance ou honoraires de gestion.
- La taxe foncière.
- Les charges diverses.
- Les frais de procédure.

Le fisc fait toutefois la différence entre les intérêts d'emprunt et les autres charges. Ainsi, les intérêts d'emprunt ne peuvent être déduits uniquement sur les revenus fonciers, et non les autres types de revenus. Les autres charges peuvent être soustraites des autres revenus du contribuable ! ! Là aussi l'impact fiscal est énorme ! !

CONCLUSION

Comme vous avez dû le comprendre, je suis assez optimiste en ce qui concerne la défiscalisation via le « déficit foncier » et nettement moins à travers l'acquisition de biens immobiliers via des lois de défiscalisation spécifiques du type de Robien, ou actuellement, « Pinel ».

La raison fondamentale est simple. D'abord, tout ce qui était sur d'excellents emplacements est déjà construit.

Ensuite, il ne faut pas se leurrer : ces produits ne sont pas faits pour vous faire gagner de l'argent à vous. Ils ont été conçus pour faire vivre des filières industrielles entières et accessoirement l'État qui prélève sa dîme à tous les niveaux de cette activité.

Résultat : un Pinel est souvent acheté 20 à 30% trop cher par rapport au marché de l'ancien, même de l'ancien récent. Il vaut donc mieux acheter ce type de bien, car vous aurez un bien meilleur rapport qualité-prix avec un véritable choix d'emplacement.

Ensuite, vous pouvez acheter un bien nécessitant des travaux de remise en état et obtenir une défiscalisation bien plus souple avec des engagements moins longs et moins contraignants.

L'immobilier reste risqué, mais il reste aussi un actif tangible. Comme tous les actifs tangibles, les ennuis rattachés sont également bien tangibles. Du risque d'impayé aux risques liés aux travaux entrepris, administrer et développer un patrimoine immobilier n'est pas une sinécure. Pourtant, beaucoup se sont enrichis et s'enrichissent encore grâce à l'immobilier, seul actif pour lequel il est possible de recourir à l'endettement.

Ce qui est certain c'est que vous ne devez pas oublier le bon sens de base.

N'oubliez pas que l'on n'achète jamais, JAMAIS, une défiscalisation ou autre carotte fiscale. JA-MAIS. On achète avant tout un bien qui permet, cerise sur le gâteau, de déduire un peu.

N'oubliez pas que sauf très rares exceptions, on n'achète jamais un Pinel tant que l'on n'est pas propriétaire de sa résidence principale. En d'autres termes, ne mettez pas la charrue avant les bœufs.

N'oubliez pas que l'on achète rarement un bien immobilier en défiscalisation avec engagement de durée de 12 ans quand on a 25 ans, que l'on vient de signer son CDI l'année précédente et que l'on vient juste de recevoir son avis d'impôt qui est généralement très salé quand on est jeune, célibataire et convenablement payé ! ! Les impôts font tousser, et cette toux fait faire des bêtises.

N'oubliez pas que l'immobilier ce n'est jamais un jeu 100% gagnant ! Entre 1990 et 1997, l'immobilier à Paris (pas sur le plateau du Larzac) a chuté de plus de 50%. Vous pouviez acheter en 1996 en plein 16ᵉarrondissement un appartement de 100 m² à 10 000 francs le m²... ce qui veut dire... environ 1 500 de nos euros d'aujourd'hui pour un mètre carré... Cela en vaut presque 10 fois plus aujourd'hui ! ! !

Enfin, je vous le dis et le redis, les meilleurs rendements ne sont pas dans les grandes villes mais dans les villes moyennes, et je crois beaucoup à l'immobilier semi-rural comme vous le savez. Ce que j'appelle le semi-rural, c'est du 100% rural, mais avec une grande ville à portée de main ou de voiture ou de train ! C'est typiquement le cas de la Normandie avec sa proximité de Paris par exemple.

Dans tous les cas, maîtrisez avant tout votre niveau d'endettement.

RÉDUIRE SES IMPÔTS AVEC LE PINEL ANCIEN OU LE DENORMANDIE RÉNOVATION !

C'est le petit frère du Pinel, appelé Pinel ancien ou Denormandie, du nom du secrétaire d'État.

L'idée, au lieu d'obliger l'épargnant et l'investisseur à acheter dans un programme neuf, l'ancien devient éligible, car il y a un énorme besoin de réhabilitation des logements anciens dont regorgent nos centres-villes, les programmes neufs étant évidemment en périphérie.

Le drame de l'effondrement des immeubles à Marseille est encore dans les mémoires, et c'est la raison pour laquelle cette loi a été décidée.

222 cœurs de villes anciennes ont été sélectionnés pour être rénovés et sont éligibles à ce dispositif.

Pour résumer, si vous achetez un vieil appartement dans un vieux centre-ville à 50 000€, que vous faites 100 000€ de travaux, vous pourrez là aussi déduire de votre impôt sur le revenu la totalité de votre opération (dans la limite de 300K€) à hauteur de 21% des montants engagés.

Est-ce intéressant ?

Oui, parce que d'une part, les prix de l'ancien sont très, mais alors très nettement en dessous des prix du neuf. Ensuite, il s'agit de ville de "second" rang, et n'y voyez rien de péjoratif, donc l'immobilier se situe plutôt entre 2 et 3000€ le mètre carré avec du 1000€ le mètre pour les biens très dégradés.

Cela veut dire que la mise de départ est également potentiellement plus faible et que vous pouvez être en mesure de vous lancer dans une telle opération avec moins d'argent que pour un Pinel neuf.

Le problème c'est que pour faire cela et le faire bien, il sera peu aisé de le faire pour un Parisien qui va décider d'investir à Bayonne, pourtant, un cœur de ville d'une ville qui ne manque pas d'intérêts par sa localisation géographique dans le sud et la présence toujours attractive de la mer.

Faisons quelques calculs pour nous persuader de l'efficacité.

Aujourd'hui, les deux tranches de l'impôt sur le revenu les plus élevées sont 30 ou 42% (ce qui n'est pas franchement très progressif effectivement).

Lorsque vous avez des revenus fonciers, vous déduisez vos charges, et le "bénéfice" foncier est imposé au taux de l'IRPP de votre tranche.

Basiquement, et pour simplifier, imaginons que vous ayez 100 000€ de revenus fonciers imposés à 42%, vous devriez payer 42 000€ d'impôts. Si vous faites 100 000€ de travaux cette année et que vous générez un déficit foncier de 100 000 qui va venir annuler vos gains de 100 000€, dans le régime normal, vous ne paierez rien comme impôt.

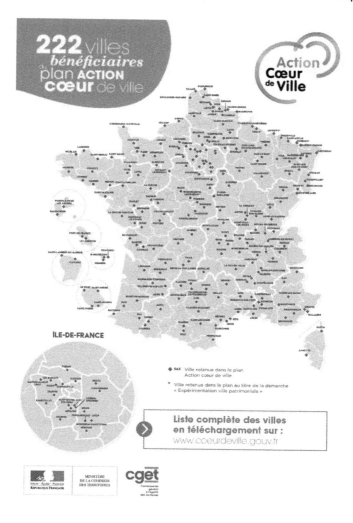

Avec un Pinel ancien, vous allez déduire au maximum 21%, si vous vous engagez à louer pendant 12 ans, du prix d'achat et des travaux réalisés.

Imaginons que dans cet exemple vous ayez acheté le bien 100 000€ plus vos 100 000€ de travaux, soit un coût total de 200 000€, alors vous allez pouvoir déduire 21% de 200 000€ soit... 42 000€, mais pas la première année... Ce stock de déduction va se faire sur... 12 ans ! !

La conclusion est assez claire.

Si vous n'avez pas encore de revenus fonciers, car vous n'avez pas d'immobilier de rapport, commencez par un Pinel ancien va vous permettre globalement de réduire vos impôts et de gommer vos futurs revenus fonciers.

Si vous avez déjà des revenus fonciers importants, alors l'intérêt est moindre et mieux vaut gommer 100% de vos revenus fonciers chaque année par une nouvelle opération que vous pouvez de surcroît mener où bon vous semble, car vous êtes dans le régime général et classique des revenus fonciers dits "au réel" et nécessitant de remplir une 2044 (du chiffre du *Cerfa* concerné).

Enfin, en ce qui concerne toute la série de conditions qui seront à respecter, la plus importante sera évidemment l'obligation de réaliser des travaux correspondant au moins à 25% du prix total de l'opération, tout en sachant que tous les travaux ne rentreront sans doute pas dans le calcul, et que je n'ai pas encore eu le décret d'application avec la liste précise des travaux donnant droit à ce régime (peinture des murs exclue, mais isolation éligible par exemple).

Le diable se cachant dans les détails, mieux vaut attendre ces précisions qui risquent d'avoir un impact important sur la rentabilité de ce type d'opération.

Vous pouvez télécharger la liste des 222 villes sélectionnées[14].

---

[14] https://www.data.gouv.fr/fr/datasets/villes-beneficiaires-du-plan-action-coeur-de-ville/

LA LOI PINEL : C'EST QUOI ?

C'est un dispositif d'investissement locatif qui permet de bénéficier d'une réduction exceptionnelle d'impôts de 21% ! Avant, vous aviez eu droit aux « Robien » ou encore, plus récemment, au « Scellier », sans oublier le célèbre « Duflot » ! ! Chaque ministre qui passe laisse généralement son nom à la loi de défiscalisation du moment.

Si d'un mamamouchi à l'autre souvent quelques éléments sont différents, la logique de base reste toujours la même.

Si vous achetez un bien immobilier, généralement un appartement plus ou moins en cours de construction dans une zone plus ou moins pourrie, vous aurez droit de déduire de vos impôts une partie (plus ou moins petite) du prix de d'achat dudit bien immobilier.

Voici pour la logique de base.

La loi PINEL est donc le successeur du Dispositif Duflot et propose une réduction d'impôts pouvant aller jusqu'à 21% de votre investissement immobilier à but locatif.

Vous devrez choisir entre plusieurs durées de location de 6, 9 ou 12 ans et c'est cette durée qui va conditionner le montant maximum que vous pourrez déduire de vos impôts sur le revenu qui, comme vous le savez, agace « psychologiquement » parlant plus d'un Français.

La loi Pinel explique l'essentiel des constructions dans bien des périphéries de grandes villes françaises car c'est là où voient le jour de très nombreux programmes neufs vendus sur plans par des équipes de commerciaux rôdés aux techniques parfois les plus agressives et qui partiront de chez vous à 23 heures après vous avoir fait signer un contrat d'achat en VEFA pour un appartement dont on vous a vanté les mérites dans une ville que, bien souvent, vous ne connaissez pas et dans laquelle vous ne mettrez sans doute jamais les pieds.

C'est d'ailleurs à ces techniques que l'on doit l'exécrable réputation des appartements achetés sous le régime dit de la loi « Robien » (du nom du ministre du Logement de l'époque, Gilles de Robien) et qui avait aussi donné lieu à un reportage télé resté célèbre dans le landerneau des investisseurs immobiliers et intitulé « Les Robien de la Colère » en référence à l'ouvrage *Les raisins de la colère*.

La loi Pinel : comment ça marche ?

La loi Pinel est une défiscalisation immobilière et en gros, vous achetez dans du neuf. Puis vous prenez un engagement de location pendant une durée déterminée et allant jusqu'à 12 ans pour obtenir le taux de déduction le plus important, puis lorsque vous louez, votre loyer est en réalité encadré par l'État qui impose comme corolaire à cet investissement défiscalisant des grilles de loyers et des revenus maximums pour les locataires à ne pas dépasser... le tout dans des zones bien définies !

Bref, vous l'aurez compris, on n'a rien sans rien, et le Pinel est assez strict, non en fait il est très strict et n'est plus possible que dans les zones où les prix de l'immobilier sont vraiment très élevés.

Vous pouvez voir le zonage sur la carte ci-dessous.

Carte du zonage Pinel 2019

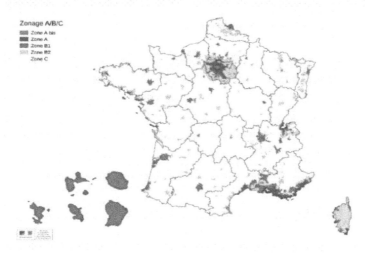

Le montant de l'avantage fiscal en loi Pinel dépend de la durée de location. Retenez que vous pourrez déduire :

- 21% du prix du bien pour une durée de location de 12 ans ;

- 18% du prix du bien pour une durée de location de 9 ans ;
- 12% du prix du bien pour une durée de location de 6 ans.

Le montant maximum de votre achat est fixé à 300 000€.

Conséquence logique et mathématique, si vous prenez l'engagement de location le plus long, soit 12 ans, vous pourrez déduire 21% de votre coût d'acquisition plafonné à 300 000€, soit très exactement 63 000€ sur 12 ans. C'est évidemment très intéressant, mais, hélas, souvent c'est en réalité de très mauvaises affaires.

QUEL RÉGIME FISCAL CHOISIR ?
LES TABLEAUX COMPARATIFS... !

*J*e vous propose de laisser la parole à Maître Halbout avocat fiscaliste parisien qui s'est penché sur cette question épineuse du choix du régime fiscal pour vos achats immobiliers. À noter qu'il a une vision fiscale, et n'a pas pris en considération les coûts comptables liés à une SAS par exemple par rapport à ceux d'une SCI à l'IS (qui nécessite une vraie comptabilité) ou une SARL immobilière ou dite de « famille ».

Quel statut fiscal pour investir dans l'immobilier ? Le régime fiscal est un élément essentiel pour la rentabilité d'un investissement immobilier, c'est pourquoi il convient d'appréhender toutes les conséquences de ce choix.

Plusieurs formules sont possibles pour investir dans l'immobilier locatif à usage d'habitation ou professionnel, que nous vous exposons (hors meublé) à travers l'exemple d'une acquisition d'un bien à usage commercial ou professionnel.

Les caractéristiques principales de l'exemple retenu sont les suivantes :

Prix d'acquisition du bien immobilier	1 000 000
Frais d'acquisition	70 000
Prix de revient	1 070 000
Recettes locatives nettes	60 000
Indexation annuelle des recettes nettes	1,0%
TMI (Taux marginal d'imposition)	41,0%
Apport personnel	200 000
Montant du prêt	870 000
Taux d'intérêt assurance comprise	1,5%
Durée du prêt en année	18
Remboursement annuel	55 182

Les formules étudiées correspondent à l'imposition des revenus locatifs à l'IR à travers une SCI à l'IR ou en cas d'acquisition directe, à l'IS à travers à une SCI à l'IS, une SARL ou une SAS ou encore à travers un démembrement de propriété du bien immobilier ou de la SCI propriétaire de ce bien.

Pendant de nombreuses années, il était possible d'hésiter entre la SCI à l'IR et la SCI à l'IS, c'est à dire entre l'imposition à l'IR ou à l'IS, mais la hausse progressive des prélèvements sociaux, l'allongement de la durée de détention pour bénéficier d'une exonération totale de la plus-value et dernièrement l'instauration de la *flat taxe* rendent l'imposition à l'IS plus favorable dans la quasi-totalité des situations, même en prenant en compte le coût fiscal élevé de la cession d'un bien immobilier détenu à travers une société relevant de l'IS.

L'acquisition en démembrement de propriété est une formule pour éviter ce surcoût fiscal de la cession du bien immobilier détenu par une société à l'IS. Le démembrement peut porter directement sur le bien immobilier, la personne physique acquérant la nue-propriété et une société relevant de l'IS, généralement la société utilisatrice des locaux en cas d'acquisition d'un bien professionnel ou sur des parts sociales de SCI propriétaire du bien immobilier.

Imposition des revenus locatifs en revenus fonciers

Il s'agit des cas, où le contribuable est directement propriétaire du bien immobilier donné en location ou associé d'une SCI relevant de l'impôt sur le revenu, il est imposable dans la catégorie des revenus fonciers.

Les recettes imposables sont constituées du montant des loyers encaissés chaque année. Les charges déductibles correspondent notamment aux frais financiers, aux honoraires de gestion, aux charges de copropriété, aux travaux de réparation et d'amélioration pour les locaux affectés à l'habitation et aux seuls travaux de réparation pour les autres locaux. Les frais d'acquisition et l'amortissement du bien immobilier ne sont pas déductibles.

Le revenu imposable ainsi déterminé est imposable au taux progressif de l'impôt sur le revenu et aux prélèvements sociaux de 17,2%, soit un taux effectif de 55,41% dans notre exemple avec un TMI de 41% compte tenu des 6,8% de CSG déductible, quand bien même le loyer reçu est affecté remboursement du prêt bancaire.

Les conséquences fiscales et financières de la location pendant toute la durée du prêt sont les suivantes :

	Recettes nettes	Trésorerie	Frais fi + assurance prêt	Revenus fonciers imposables	I.R. + prélèv. sociaux	Trésorerie aprés I.R.
N	60 000	4 818	12 759	47 241	26 177	-21 359
N+1	60 600	5 418	12 118	48 482	26 865	-21 446
N+2	61 206	6 024	11 468	49 738	27 561	-21 536
N+3	61 818	6 636	10 808	51 010	28 266	-21 629
N+4	62 436	7 255	10 138	52 299	28 980	-21 725
N+5	63 061	7 879	9 457	53 603	29 703	-21 824
N+6	63 691	8 510	8 767	54 925	30 435	-21 925
N+7	64 328	9 146	8 066	56 263	31 176	-22 030
N+8	64 971	9 790	7 354	57 617	31 927	-22 137
N+9	65 621	10 439	6 632	58 989	32 687	-22 248
N+10	66 277	11 096	5 898	60 379	33 457	-22 361
N+11	66 940	11 758	5 154	61 786	34 237	-22 478
N+12	67 610	12 428	4 398	63 211	35 027	-22 599
N+13	68 286	13 104	3 631	64 654	35 826	-22 722
N+14	68 968	13 787	2 853	66 116	36 636	-22 849
N+15	69 658	14 477	2 062	67 596	37 456	-22 980
N+16	70 355	15 173	1 260	69 095	38 287	-23 114
N+17	71 058	15 877	446	70 613	39 128	-23 251
Total	1 176 885	183 616	123 269	1 053 616	583 830	-400 214

Il apparait, bien que le remboursement du prêt soit inférieur au montant des recettes locatives nettes dégageant ainsi une trésorerie de 184K€ pendant la période de 18 ans de remboursement de prêt, l'investisseur devra faire face à un décaissement de 400K€ compte tenu de l'IR et des prélèvements sociaux payés de 584K€, l'obligeant ainsi à consentir un effort financier pendant toute la durée du prêt.

S'il est considéré que la valeur du bien immobilier a évolué dans les mêmes proportions que le loyer, c'est-à-dire, 1% par an, elle ressortirait à 1196K€ à l'échéance du prêt.

S'il est revendu à ce prix, sa vente ne dégagera pas de plus-value imposable compte tenu du forfait frais acquisition et travaux. Ainsi, l'investisseur qui aura immobilisé 200K€ et versé 400K€ sur la durée du prêt disposera après 18 ans d'un capital 1196K€, réalisant un TRI après impôt de 5,52% sur les sommes investies, ce qui déduction des apports consentis génère un gain de 596K€.

L'imposition totale pendant la durée de l'emprunt et à la suite de la vente sera de 584K€.

Si la valeur de revente du bien était de 1500K€, une imposition sur la plus-value serait due de 50K€, l'investisseur disposant alors de 1450K€ et portant ainsi le TRI à 6,98%, portant l'imposition totale pendant la durée de l'emprunt et à la suite de la vente à 635K€.

Imposition des revenus locatifs à l'IS

Il s'agit des cas, où le contribuable est indirectement propriétaire du bien immobilier donné en location par l'intermédiaire d'une SCI ayant opté à l'IS, une SARL ou encore une SAS.

Par rapport aux revenus fonciers, le régime présente l'avantage d'une base imposable plus faible en raison de la déductibilité des frais d'acquisition et de l'amortissement du bien et d'un taux d'imposition également plus faible, 15% jusqu'à 38 120€ et 28% au-delà.

L'inconvénient majeur intervient lors de la revente où l'imposition peut représenter plus de 50% du prix de cession, lorsqu'il est entièrement distribué et le bien immobilier entièrement amorti.

Les conséquences fiscales et financières de la location pendant toute la durée du prêt sont les suivantes :

	Recettes nettes	Trésorerie SCI	Frais fi + assurance prêt	Amortisse-ments de l'exercice	IS	Résultat compta.	R.A.N.	Dividendes	Dividendes net de PFU
N	60 000	4 818	12 759	20 848	0	-43 607	-43 607	0	0
N+1	60 600	5 418	12 118	20 848	0	27 634	-15 974	0	0
N+2	61 206	6 024	11 468	20 848	1 937	26 953	10 979	10 979	7 685
N+3	61 818	6 636	10 808	20 848	4 524	25 638	25 638	5 457	3 820
N+4	62 436	7 255	10 138	20 848	4 718	26 733	46 914	2 537	1 776
N+5	63 061	7 879	9 457	20 848	4 913	27 842	72 219	2 966	2 076
N+6	63 691	8 510	8 767	20 848	5 111	28 965	98 219	3 398	2 379
N+7	64 328	9 146	8 068	20 848	5 312	30 102	124 923	3 834	2 684
N+8	64 971	9 790	7 354	20 848	5 515	31 254	152 343	4 274	2 992
N+9	65 621	10 439	6 632	20 848	5 724	32 417	180 486	4 715	3 301
N+10	66 277	11 096	5 898	20 848	6 113	33 418	209 188	4 983	3 488
N+11	66 940	11 758	5 154	20 848	6 507	34 431	238 637	5 251	3 676
N+12	67 610	12 428	4 398	20 848	6 906	35 457	268 842	5 522	3 865
N+13	68 286	13 104	3 631	20 848	7 310	36 496	299 816	5 794	4 056
N+14	68 968	13 787	2 853	20 848	7 719	37 548	331 571	6 067	4 247
N+15	69 658	14 477	2 062	17 648	9 030	40 918	366 421	5 447	3 813
N+16	70 355	15 173	1 260	17 648	9 449	41 997	402 972	5 724	4 007
N+17	71 058	15 877	446	17 648	9 874	43 090	440 338	6 002	4 202
Total	1 176 885	183 616	123 269	365 664	100 665	517 286		82 950	58 065

Il apparait dans cet exemple que la différence entre la charge de remboursement bancaire et les recettes locatives nettes (184K€) permet de payer l'IS (101K€), évitant ainsi à l'investisseur de consentir un effort financier supplémentaire. Au contraire, la trésorerie dont dispose la société pourra être distribuée, soit un montant de dividendes de 83K€, ce qui après paiement du PFU (Prélèvement forfaitaire unique) ou encore dénommée *flat tax* permet à l'investisseur de disposer de 58K€.

En cas de revente, la plus-value imposable à l'IS sera égale à la différence entre le prix de vente et la valeur nette comptable (VNC) du bien immobilier, qui correspond au prix d'achat moins les amortissements comptabilisés, ce qui revient à réintégrer les amortissements qui ont été déduits antérieurement du résultat. En cas cession, l'année suivant l'échéance du prêt, la VNC ressort à 634K€ (1000K€ - 366K€).

En cas de revente au prix de 1196K€ la plus-value imposable ressortirait à 562K€, générant un IS de 157K€, le solde du prix de vente étant appréhendé par la société, il y a lieu de le distribuer sous forme de dividendes, ce qui générera une nouvelle imposition au titre du PFU. Le montant de la trésorerie nette à distribuer sera égale au prix de vente moins à l'IS payé sur la plus-value, soit 1039K€, (1196K€ - 157K€) à laquelle, il y aura lieu de minorer le remboursement de l'apport initial de 200K€, soit un montant de 839K€ soumis à la *flat tax* et à la CEHR, pour laquelle il sera retenu un taux moyen de 2%, générant une nouvelle imposition de 268K€. Ainsi, l'investisseur qui aura immobilisé 200K€ et reçu 58K€ de dividendes nets sur la durée du prêt disposera après 18 ans d'un capital 828K€ (1039K€ + 58K€ - 268K€), réalisant un TRI après impôt de 6,92% sur les sommes investies, ce qui déduction de l'apport de 200K€ consenti génère un gain de 628K€.

L'imposition totale pendant la durée de l'emprunt et à la suite de la vente sera de 551K€.

L'imposition liée à la revente s'élève de 425K€, représentant 35% du prix de vente. Le TRI dégagé au cours de la période s'élève à 6,92%.

Comparaison entre l'imposition à l'IR et l'IS

Pendant la période de remboursement du prêt, l'imposition est l'IS est nettement plus favorable, dans notre exemple le montant de l'IS payé s'élève à 101K€ contre 584K€ d'IR et de prélèvements sociaux. Même en cas revente, ce surcoût n'est pas systématiquement compensé par la moindre imposition résultant de l'application des plus-values immobilières des particuliers. Nous avons vu qu'en cas de revente à l'échéance du prêt avec une plus-value correspondante à l'indexation du loyer, l'imposition totale reste supérieure à l'IR (584K€) à celle à l'IS (551K€).

En revanche, si l'on retient une revente au prix de 1500K€, l'IR devient plus favorable, l'imposition sur la plus-value des particuliers passe de 0 à 51K€ portant ainsi l'imposition totale pendant la période à 635K€. De son côté, l'IS sur la plus-value passe de 157K€ à 242K€ et l'imposition sur les dividendes de 268K€ à 338K€, ce qui génère une imposition totale de 706K€. L'imposition totale sur les 18 ans y compris la plus-value de cession la 19ème année est supérieure de 71K€ dans le régime IS par rapport à l'IR, soit une imposition supplémentaire de 11%. Toutefois, en terme purement financier, le TRI reste plus élevé dans le cadre d'une imposition à l'IS (8,20%) que d'une imposition à l'IR (6,98%), ce qui s'explique par le fait que l'investisseur à l'IR aura l'obligation de consentir des apports supplémentaires pendant toute la durée du prêt, alors que l'investisseur se contentera de son apport initial et percevra même des dividendes.

S'il est considéré qu'il est procédé à la vente au bout de 25 ans et que la valeur du bien immobilier a doublé, l'impôt sur la plus-value à l'IR serait de 60K€ alors qu'elle serait de 417K€ à l'IS et l'imposition sur les dividendes à 443K€. L'imposition totale ressort à 930K€ pour l'IR contre 1 193K€ à l'IS, soit une imposition supérieure de 28% avec toutefois un TRI de 8,44% dans le régime IS contre 6,78% dans le régime IR.

Le choix entre l'IR et l'IS peut simplement être dicté par l'impossibilité pour l'investisseur de faire face à l'IR généré par la location du bien immobilier, alors que les revenus fonciers sont affectés au remboursement du prêt. Une autre raison de choisir l'IS résulte de la volonté de conserver le bien immobilier après le remboursement de prêt, pour par exemple disposer de revenus lors de la retraite, l'imposition sur les résultats non distribués étant par ailleurs purgés par la donation ou la succession.

Nous pouvons conclure qu'en général le choix de l'IS s'impose mais dans des cas de faible rentabilité avec une perspective de plus-value importante que l'imposition à l'IR pourrait être retenue et encore sans être certain que les règles fiscales ne soient pas sensiblement modifiées lors de la revente, mais vraisemblablement il peut être considéré que les amortissements déduits seront toujours repris dans le régime IS alors que la plus-value des particuliers sera toujours minorée avec la durée de détention.

Démembrement du bien immobilier

Le démembrement de propriété permet de bénéficier d'une imposition limitée pendant toute sa durée, qui correspond souvent à celle de l'emprunt bancaire et même nulle du seul côté du nu-propriétaire, tout en bénéficiant du régime des plus-values des particuliers lors de la revente.

Le mécanisme consiste à procéder au démembrement lors de l'acquisition du bien, une personne physique acquérant la nue-propriété et une société relevant de l'IS acquérant un usufruit temporaire. À l'expiration du de l'usufruitier temporaire le nu-propriétaire devient plein propriétaire du bien immobilier en n'ayant payé que le prix de la nue-propriété.

Il peut n'exister aucun lien entre le nu-propriétaire et l'usufruitier, ce qui met l'opération à l'abri de l'abus de droit. En revanche, lorsque le nu-propriétaire détient la société usufruitière, le schéma doit, là encore, être mis en œuvre avec prudence pour éviter l'acte anormal de gestion ou l'abus de droit. Ainsi, il convient de déterminer de façon pertinente les valeurs respectives de la nue-propriété et de l'usufruit temporaire et éviter ainsi de retenir une valeur trop basse de la nue-propriété.

Pour déterminer la valeur de la nue-propriété, il est couramment utilisé la formule suivante :

$NP = PP / (1+i)^n$.

Où :

PP est la valeur en pleine propriété du bien

i le taux annuel de rendement du bien

n la durée du démembrement en année.

La valeur de l'usufruit temporaire étant égale à la valeur de la pleine propriété moins celle de la nue-propriété.

Par un arrêt du 24 octobre 2018 (n°412322 et 412323), le Conseil d'État a validé cette méthode, l'application de toutes autres méthodes afin d'augmenter la valeur de l'usufruit est à éviter. Nous vous invitons à vous reporter à notre actualité sur cet arrêt :**Valorisation de l'usufruit temporaire.**[15]

Pour un démembrement de 18 ans sur un bien immobilier dégageant un taux de rendement de 6%, la valeur de la nue-propriété ressort à 35,03% et l'usufruit à 64,97%. En retenant cette valeur, si l'usufruitier finance l'acquisition sur fonds propres, son investissement dégagera un TRI de 6,7%, en faisant abstraction de l'IS, taux légèrement supérieur au rendement du bien acquis, en raison de

---

[15] http://www.vhavocats.fr/actu-Valorisation-de-l'usufruit-temporaire-Ref-128.html

l'indexation annuelle de 1% du loyer. Le TRI ressort à 5,1% en prenant en compte un IS à 28%.

En cas de communauté d'intérêt entre le nu-propriétaire et l'usufruitier, nous considérons qu'il y a lieu d'éviter de créer une société ayant pour seule activité la détention de l'usufruit, car cela pourrait constituer un élément permettant de constater un abus de droit.

À titre d'exemple, nous retiendrons l'acquisition de l'usufruit temporaire par une société, qui utilisera le bien immobilier pour son activité. Ainsi, elle n'aura pas à payer de loyer pendant toute la durée du démembrement, le rendement de son investissement étant égal à cette économie de loyer, moins les frais financiers et l'IS supplémentaire généré par l'augmentation de son résultat imposable à l'IS au taux de 28%. Il est retenu, la souscription d'un emprunt représentant 80% du prix d'acquisition de l'usufruit, soit un financement sur fonds propres de 136K€.

Les conséquences fiscales et financières de la détention de l'usufruit temporaire pendant la durée du démembrement sont les suivantes :

Tableau page suivante

	Economie loyer	Frais financiers	Amortis. usufruit	Augment résultat comptable avant IS	IS	Augment résultat net après IS	Gain de trésorerie après IS
N	60 000	8 000	36 094	-16 295	-4 563	-11 732	29 962
N+1	60 600	7 599	36 094	16 907	4 734	12 173	21 265
N+2	61 206	7 191	36 094	17 921	5 018	12 903	21 587
N+3	61 818	6 777	36 094	18 947	5 305	13 642	21 912
N+4	62 436	6 357	36 094	19 985	5 596	14 389	22 240
N+5	63 061	5 930	36 094	21 036	5 890	15 146	22 570
N+6	63 691	5 497	36 094	22 100	6 188	15 912	22 902
N+7	64 328	5 057	36 094	23 176	6 489	16 687	23 238
N+8	64 971	4 611	36 094	24 266	6 794	17 471	23 576
N+9	65 621	4 158	36 094	25 368	7 103	18 265	23 917
N+10	66 277	3 698	36 094	26 484	7 416	19 069	24 261
N+11	66 940	3 232	36 094	27 614	7 732	19 882	24 607
N+12	67 610	2 758	36 094	28 757	8 052	20 705	24 957
N+13	68 286	2 277	36 094	29 914	8 376	21 538	25 309
N+14	68 968	1 789	36 094	31 085	8 704	22 381	25 664
N+15	69 658	1 293	36 094	32 270	9 036	23 235	26 022
N+16	70 355	790	36 094	33 470	9 372	24 098	26 382
N+17	71 058	279	36 094	34 684	9 712	24 973	26 746
Total	1 176 885	77 294	649 700	417 691	116 953	300 737	437 117

Ainsi, il apparait que l'usufruitier en investissant 136K€ sur fonds propres réalisera un gain de trésorerie après IS de 437K€ lui permettant de réaliser un bénéfice net sur l'opération de 301K€, qui est égal à la différence entre le gain de trésorerie et le montant investi sur fonds propres. Le TRI ressort à 18,1% démontant ainsi l'intérêt de l'usufruitier à l'opération. Ce bénéfice pourrait être distribué au nu-propriétaire, actionnaire de l'usufruitier.

De son côté, le nu-propriétaire deviendra plein propriétaire du bien immobilier à l'échéance du démembrement en n'ayant payé que le prix de la nue-propriété 350K€ sans supporter de fiscalité et pourra le revendre en bénéficiant de la fiscalité de la plus-value des particuliers avec l'abattement pour la durée de détention calculée d'après la date d'acquisition de la nue-propriété.

Afin de pouvoir procéder aux comparaisons avec les exemples précédents, il sera considéré que le nu-propriétaire financera l'acquisition de la nue-propriété avec un apport personnel de 64K€, ce qui avec l'apport de l'usufruitier portera les apports en fonds propres à 200K€. Ce dernier devra donc faire face à des remboursements bancaires sans avoir de revenus correspondants, ce qui l'obligera à consentir un effort d'épargne supplémentaire mais qui sera compensé en partie par les dividendes distribués par l'usufruitier provenant des bénéfices générés par la détention de l'usufruit.

En cas de revente au prix de 1500K€, la 19ème année, l'imposition de l'ancien nu-propriétaire sur la plus-value sera de 76K€ lui permettant de réaliser un TRI de 13% en tenant des dividendes perçus.

Le détail des conséquences financières pour le nu-propriétaire est le suivant :

	Rembours prêt + assurance	Dividendes reçus de la ste usufruitère	PFU sur dividendes	Dividendes après PFU	Trésorerie personnelle nu-propriétaire
N	20 581	0	0	0	-20 581
N+1	20 581	0	0	0	-20 581
N+2	20 581	441	132	308	-20 272
N+3	20 581	12 903	3 871	9 032	-11 549
N+4	20 581	13 642	4 093	9 549	-11 032
N+5	20 581	14 389	4 317	10 073	-10 508
N+6	20 581	15 146	4 544	10 602	-9 979
N+7	20 581	15 912	4 774	11 138	-9 443
N+8	20 581	16 687	5 006	11 681	-8 900
N+9	20 581	17 471	5 241	12 230	-8 351
N+10	20 581	18 265	5 480	12 786	-7 795
N+11	20 581	19 069	5 721	13 348	-7 233
N+12	20 581	19 882	5 965	13 917	-6 663
N+13	20 581	20 705	6 212	14 494	-6 087
N+14	20 581	21 538	6 461	15 077	-5 504
N+15	20 581	22 381	6 714	15 667	-4 914
N+16	20 581	23 235	6 970	16 264	-4 317
N+17	20 581	24 098	7 230	16 869	-3 712
N+18		24 973	7 492	17 481	17 481
Total	370 455	300 737	90 221	210 516	-159 939

Échéance démembrement	
Remboursement du prêt contracté pour l'acquisition de la nue-propriété	370 455
Dividendes nets d'impôt reçus de la société usufruitière	210 516
Cumul apports ultérieurs (remboursement prêt - dividendes nets)	159 939
Valeur du bien immobilier à l'échéance	1 500 000
Plus-value fiscale (frais d'acquisition et travaux forfaitaire déduits)	409 655
Imposition sur la plus-value lors de la revente (IR, PS, taxe additionnelle)	74 273
Contribution exceptionnelle sur les hauts revenus sur plus-value	1 802
Imposition totale	283 250
Net perçu, apport initial compris	1 263 986
TRI réalisé avec dividendes	13,08%
TRI réalisé sans dividendes	10,51%

Il apparait donc l'imposition totale supportée par l'usufruitier et le nu-propriétaire est de 283K€, contre 635K€ dans le cadre d'une SCI à l'IR et 706K€ d'une imposition à l'IS.

Le démembrement de propriété est donc avantageux fiscalement, si bien qu'en 2012 le législateur, dans le cadre d'une disposition anti abus a prévu que la cession d'un usufruit temporaire, lorsque le contribuable relève de la fiscalité des particuliers, entraine une imposition au taux progressif de l'IR sur le prix de vente, ce qui implique que les acquisitions en démembrement ne peuvent être effectuées qu'auprès de société relevant de l'IS.

Pour plus de détail sur la disposition, nous vous invitons à consulter notre article « **Quel avenir pour le démembrement temporaire de propriété ?** »[16] Il est toutefois possible bénéficier des avantages fiscaux de l'acquisition en démembrement en ayant recours au démembrement de parts sociales de SCI.

Démembrement de parts de SCI

Dans cette hypothèse, le démembrement ne porte pas sur le bien immobilier lui-même mais sur les parts sociales de la SCI qui aura acquis le bien en pleine propriété, mais cette formule doit être utilisée en prenant des précautions

---

[16] http://www.vhavocats.fr/dossiers-Quel-avenir-pour-le-d%C3%83%C2%A9membrement-temporaire-de-propri%C3%83%C2%A9t%C3%83%C2%A9-_-Ref-85.html

pour éviter un redressement fondé sur l'acte anormal de gestion ou l'abus de droit. À partir de 2020, en raison de l'instauration du mini abus de droit, qui serait constitué par un but principalement fiscal, nous sommes réservés sur ce schéma.

En reprenant notre exemple, prévoyant un apport en fonds propres de 200K€ et un démembrement sur la durée du prêt de 18 ans, le capital de la SCI sera égal à ce montant, bien qu'il ne corresponde au montant du capital optimisé, à répartir entre le nu-propriétaire et l'usufruitier de façon à ce que l'investissement de ce dernier lui permette d'obtenir un rendement acceptable, justifiant son intervention dans le schéma. Une répartition des apports au capital de la SCI à hauteur de 140K€ pour le nu-propriétaire et 60K€ pour l'usufruitier lui permettrait de bénéficier d'un TRI de 5% après impôt.

De son côté, le nu-propriétaire en ayant investi 140K€ sera, à l'expiration du démembrement, propriétaire des parts de la SCI, elle-même propriétaire du bien immobilier, sans dette bancaire, mais en fonction de la politique de distribution qui aura été retenue, la SCI pourrait être débitrice envers l'ancien usufruitier.

Pour plus de précision sur ce schéma, nous vous invitons à vous reporter sur notre article **« Le démembrement de propriété de parts sociales de SCI »**[17]

---

[17] http://www.vhavocats.fr/dossiers-Le-d%C3%83%C2%A9membrement-de-

COMMENT ÉVITER LA LÉGISLATION STANDARD ?

Vous ne pouvez pas échapper à l'État. Vous pouvez couiner ou tempêter, vous n'échapperez pas à Bercy, ni aux lois et autres réquisitions fiscales, taxes, impôts, charges ou obligations.

Néanmoins, vous avez la possibilité, dans un cadre assez limité, de jouer dans telle ou telle catégorie.

Vous avez donc le régime que je qualifierais de classique. Vous louez nu un appartement ou une maison à un locataire qui en fait sa résidence principale (dans laquelle il sera domicilié fiscalement et qu'il occupera l'essentiel du temps). C'est cette définition-là en gros qui est prise en compte par l'administration fiscale quand vous achetez par exemple un bien neuf en Pinel ou Scellier ou de Robien. Pour bénéficier des avantages fiscaux, il faut que votre bien serve de résidence principale et il faut qu'il soit d'ailleurs loué pendant 9 ans généralement et sans... vacance ou presque ! ! ! Sinon l'administration fiscale peut vous remettre en cause les déductions fiscales... L'affaire,

propri%C3%83%C2%A9t%C3%83%C2%A9-de-parts-sociales-de-SCI-
-Ref-77.html

dans de tels cas, ne devient pas drôle et est très coûteuse.

Puis vous avez deux autres régimes. Celui de la location meublée, et celui du meublé de tourisme. Ils ont chacun leurs avantages et leurs inconvénients. La rentabilité n'est évidemment pas du tout la même en fonction du mode de la location, et si justement la « mode » est à la location en meublé de tourisme (pensez à Airbnb et à tous les sites de location de ce type) c'est que le rendement y est infiniment plus élevé que dans le régime traditionnel.

La location meublée

La location meublée doit porter sur un logement muni de tout le mobilier nécessaire à l'habitation. Faute de quoi, elle peut être requalifiée en location nue et être soumise aux contraintes de la loi du 6 juillet 1989, notamment pour la résiliation du bail.

En gros, l'avantage de la location meublée, c'est que le bail est plus court et que vous pouvez signer un bail d'un an. Autre avantage, en cas de congé pour vente, vous n'êtes pas obligé d'ouvrir un droit d'achat prioritaire à votre locataire.

Enfin, fiscalement, vous bénéficiez d'un abattement de 50% sur les loyers lorsque vous êtes au régime micro-BIC.

Le meublé de tourisme

La location d'un meublé de tourisme est le fait de louer un local d'habitation meublé de manière répétée et pour de courtes durées à une clientèle de passage. Pour pouvoir louer un meublé de tourisme, vous devez respecter un certain nombre de démarches.

Pour en savoir plus, voire la totalité, c'est ici sur le site service-public.fr.[18]

Attention à ce régime, il est super intéressant en soi : lorsque vous bénéficiez d'un classement en meublé de tourisme très facile à obtenir, vous n'avez qu'à contacter les gîtes de France, faire un chèque de 170 euros et vous aurez un classement de meublé de tourisme (pas forcément 5 étoiles). Dès lors, vous aurez droit à un abattement de 71% ! ! ! Énorme donc, et vous pourrez louer via des plateformes comme Airbnb ou autres !

Cela dit, dans certaines zones tendues comme les grandes villes en général et Paris en particulier, c'est la guerre que les autorités ont déclarée aux loueurs car cela retire trop de biens du marché traditionnel et les gens transforment leurs appartements en hôtel…

Ils agissent comme des agents économiques et ils ont raison en soi, pour la simple et bonne raison que c'est le mode de location le plus rentable qui soit et surtout avec peu de risque de squats ou… d'impayés dans le pire des cas très limités puisqu'il s'agit de location sur quelques jours. Rien à voir donc avec le risque de tomber sur un locataire indélicat que l'on mettra 24 mois à pouvoir

---

[18] https://www.service-public.fr/particuliers/vosdroits/F2043

expulser.

Cela dit, le travail n'est pas le même, car il faudra vous armer d'une pelle, d'un balai, de draps, et vous transformer tous les jours ou presque en femme de ménage pour préparer l'arrivée de vos nouveaux touristes !

Pour avoir tous les renseignements concernant vos devoirs fiscaux, c'est sur le lien ci-dessous, et je ne veux pas rentrer dans ce numéro-ci sur les différences entre chaque fiscalité.

De façon générale et très globale, sachez que la fiscalité la plus douce avec 71% d'abattement c'est sur le meublé de tourisme, puis 50% sur la location meublée, puis la fiscalité normale avec un abattement de 30% dans le cadre du régime dit du micro-foncier.

Source Impots.gouv.fr[19]

---

[19] https://www.impots.gouv.fr/portail/particulier/location-meublee

DÉFICIT FONCIER : UNE ASTUCE FISCALE NON PLAFONNÉE

Bon, disons-le, c'est mon système préféré pour défiscaliser réellement des biens immobiliers généralement nettement plus pertinents à l'achat, avec des prix nettement plus avantageux, une rentabilité bien meilleure, et surtout, vous vous "enrichissez" vous ! Vous n'engraissez pas les intermédiaires qui tous se gavent sur votre dos, avec votre argent !

Les produits "packagés" sont à fuir comme la peste, car qui dit « package », dit « marketing » ! Tout cela vous allez le payer très cher !

Lorsque vous achetez un Pinel, vous payez la marge du promoteur, les émoluments du notaire, mais vous payez aussi la TVA sur la construction, vous allez payer aussi et c'est une évidence la marge de la société qui commercialise tout cela, sa marge, mais aussi le salaire du commercial qui sera venu jusqu'à chez vous vous faire signer vos papiers (une ramette) à 23h...

N'imaginez pas que cela ne coûte rien. Cela vous coûte énormément, environ, et a minima, 20% de la valeur du bien.

Acheter un bien neuf en défiscalisation c'est comme acheter une voiture neuve : vous sortez de chez le concessionnaire ou de chez le notaire et vous avez perdu 20% ! Mais vous êtes content, car vous allez au mieux pouvoir déduire ... 21% sur 12 ans ! ! Vous êtes en plus ficelé pour... 12 ans.

Bref, défiscalisation = prison !

Alors vive le déficit foncier !

Relativement méconnu des investisseurs, le déficit foncier – souvent appelé « loi déficit foncier » – est un mécanisme fiscal permettant d' « effacer » une partie de ses revenus fonciers de ses impôts. L'un de ses avantages majeurs ? Ce dispositif de droit commun n'entre pas dans le plafonnement global des niches fiscales. Ses effets minorants sur la facture fiscale peuvent s'ajouter à ceux des autres lois de défiscalisation.

Échappant au plafonnement global des niches fiscales – fixé à 10 000 euros annuels –, le déficit foncier permet de réduire de manière drastique et tout à fait légale ses revenus fonciers imposables.

Il existe un déficit foncier lorsque la totalité des charges déduites dépasse les revenus locatifs générés. Par exemple, si le propriétaire réalise d'importants travaux dans son logement et que le coût de ces travaux est déductible, sa défiscalisation peut être supérieure aux revenus perçus.

La différence est appelée « déficit foncier ».

La loi autorise le contribuable à retrancher ce déficit de ses autres revenus perçus (salaires, dividendes perçus...) dans la limite de 10 700 euros. Une fois cette opération de soustraction réalisée, s'il existe encore un surplus, il est possible de reporter cet avantage fiscal dans le temps, sur 10 ans maximum ! ! Vous avez bien lu, 10 ans ! !

Pour pouvoir faire jouer le déficit foncier, le propriétaire du logement doit opter pour le régime réel d'imposition. Dans ce cas-là, vous remplirez ce que l'on appelle une « 2044 » (c'est le numéro du CERFA concerné).

Systématique au-dessus de 15 000 euros de revenus générés, il est optionnel en dessous de ce montant. Le contribuable doit donc demander à changer de régime auprès de l'administration fiscale. L'autre régime appliqué par défaut est le régime micro-foncier, permettant un abattement automatique de 30% représentatif des charges. Si le montant de vos charges est supérieur à 30% de vos revenus, vous avez donc tout intérêt à modifier votre régime d'imposition.

Comprendre le déficit foncier par l'exemple !

Vous achetez un bien que vous louez 600 euros par mois. Vous avez donc 7200 euros de revenus fonciers annuels qui seront fiscalisés dans votre déclaration d'impôts sur le revenu. Ces loyers vont venir grossir vos revenus donc votre IRPP !

Imaginez que vous achetiez une deuxième maison. Vous la louez 600 euros aussi par mois. Vous aurez donc 7200 euros de loyers également auxquels s'ajoutent les 7200€ de votre bien précédent !

Vous gagnez donc 14 400 euros de loyers fiscalisés. Sauf que vous êtes malin, vous avez acheté une ruine pas chère que vous avez retapée. Vous avez dépensé mettons... 40 000 euros de travaux.

Cette année, vous allez déclarer 14 400€ de revenus − 40 000 euros de travaux et charges, soit un déficit de 29 600 euros en votre faveur.

Vous n'allez donc payer aucun impôt sur vos revenus fonciers qui sont ramenés à 0 ! Mais mieux encore, vous avez à votre disposition un "stock" de déficit de 29 600€. Vous allez donc en plus pouvoir imputer sur vos revenus une partie de ce reliquat.

10 700 euros très exactement qui vont venir en réduction de votre revenu imposable qui va donc diminuer de ce montant ! ! Mais quand vous retirez 10 700 euros à vos 29 600 euros de déficits, il vous reste encore un reliquat de 18 900 euros...

Merveilleux n'est-ce pas ?

Qu'en faire me demanderez-vous ?

Eh bien l'année prochaine, vous allez encore encaisser vos 14 400 euros de loyers... et vous reporterez votre réserve de déficits fonciers de 18 900 euros... Encore une fois, vous ne paierez pas payer d'impôt sur vos revenus fonciers ! !

Elle n'est pas belle la vie ?

En opérant de cette façon-là, vous avez également quelques obligations... mais très légères !

Il faut louer au moins 3 ans (location continue et effective) à un locataire à usage de résidence principale.

Inutile également d'espérer profiter du dispositif pour des immeubles professionnels ou commerciaux.

L'autre écueil à éviter lors de l'utilisation de ce dispositif est d'intégrer au déficit foncier les travaux de construction, reconstruction et d'agrandissement qui ne doivent pas être pris en compte, au risque d'un redressement fiscal ! !

Il s'agit de travaux de remise en état. Ils peuvent être très conséquents mais, on n'agrandit pas ! On ne construit pas ou on ne reconstruit pas des murs. Bref, il ne faut pas de travaux de gros œuvre en gros. Vous pouvez acheter 4 murs et un toit, ruinés à l'intérieur, et le tour est joué.

Vous l'avez sans doute compris, inutile de louer votre bien pendant 12 ans, vous pouvez le faire pendant uniquement trois ans et revendre après ou pas.

Cela va vous permettre de gommer vos autres revenus fonciers, sur la durée en plus.

Vous n'allez pas engraisser des intermédiaires et surpayer un bien dont vous ne connaissez pas la qualité.

Vous n'êtes plus limité au neuf, vous pouvez dénicher les bonnes affaires dans l'ancien.

Il faut que vous sachiez qu'en plus des travaux, quand vous optez pour le régime réel, alors vous pouvez déduire tout un ensemble de charges ! C'est comme un mini-compte de résultat pour une entreprise appliqué à votre patrimoine immobilier.

Les charges prises en compte dans le déficit foncier

- Les dépenses de réparation et d'entretien
- Les primes d'assurance
- Les charges de copropriété à la charge du propriétaire
- Les intérêts d'emprunt
- Les frais de gérance ou honoraires de gestion
- La taxe foncière
- Les charges diverses
- Les frais de procédure

Le fisc fait toutefois la différence entre les intérêts d'emprunt et les autres charges. Ainsi, les intérêts d'emprunt ne peuvent être déduits uniquement sur les revenus fonciers, et non les autres types de revenus. Les autres charges peuvent être soustraites des autres revenus du contribuable ! !

Là aussi l'impact fiscal est énorme ! !

Le système du déficit foncier devrait perdurer car d'abord il permet quelques redressements fiscaux et le fisc n'y perd pas pour la simple raison que cela fait d'une part tourner l'économie et le BTP en nécessitant des travaux, qu'ensuite, cela ne fait que décaler les impôts qui finiront toujours par arriver.

Enfin, lorsque les contribuables se lancent dans le déficit foncier, c'est un peu une course à l'échalote. Vos revenus fonciers montent, et plus ils sont importants, plus vous devez acheter de biens avec des travaux pour les effacer et plus vous aurez de revenus fonciers. Au bout d'un moment c'est une course sans fin qui dépasse les capacités d'autofinancement des investisseurs et ce quels que soient les revenus.

LE CONTRÔLE FISCAL IMMOBILIER

Le contrôle fiscal immobilier nous y sommes passés.

Cela nous a pris 18 mois, de soucis et de problèmes pour beaucoup, que nous avons considérés comme un dossier et de simples tracas nous permettant d'apprendre... même à nos dépends ! Soyons positifs.

Je vous parle aussi dans le chapitre suivant de l'arnaque à l'insalubrité. Un grand classique dont ont été victime plusieurs lecteurs et plusieurs personnes que nous connaissons directement.

Abordons tout de suite le cas du contrôle fiscal immobilier !

Contrôle Fiscal. Copie du courrier des impôts.

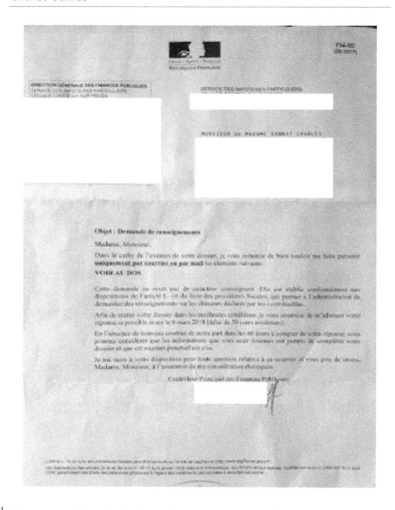

Pourquoi l'administration nous a-t-elle contrôlés ? Simple !

Pas facile encore une fois, mais simple ! !

Souvenez-vous de notre projet de micro-ferme. Nous avons réalisé des travaux, beaucoup de travaux, du coup cela a créé un déficit foncier important et quand vous avez un déficit foncier important, non seulement vous ne payez pas d'impôts fonchier, pardon fonciers sur vos revenus fonciers, mais en plus vous pouvez reporter sur votre déclaration de revenu 10 700 euros de ce déficit que vous allez imputer en moins sur vos revenus et faire ainsi baisser vos impôts sur le revenu.

Autant dire que l'administration déteste cela ! !

Avons-nous été étonnés ?

Non !

Étions-nous préparés ?

Oui !

Tout était prêt parce que nous avons anticipé avec ma femme ce contrôle et que savions, parce que c'est du bon sens, qu'il était assez normal et logique que l'on nous demande de justifier toute notre déclaration d'impôts.

A-t-on réussi ce contrôle ?

Oui, puisque nous n'avons eu strictement aucun euro de redressement.

Peut-on faire mieux ?

Oui... et ce premier contrôle nous a poussé à choisir d'être désormais accompagné par un expert-comptable pour plusieurs raisons.

La première c'est qu'en passant par un expert-comptable, c'est lui qui enregistre votre déclaration dans les ordinateurs de Bercy avec un système spécial réservé aux experts-comptables. Du coup l'administration sait que votre déclaration a été faite par...un comptable et qu'il engage sa responsabilité parce qu'il est tenu de vérifier votre déclaration.

La seconde, c'est que vous avez un mois de délais supplémentaire (jusqu'au 25 juin 2019 là où pour les particuliers la limite est fin mai début juin).

La troisième c'est que cette démarche nous oblige à nous professionnaliser et à tenir notre comptabilité immobilière de manière irréprochable.

Un contrôle fiscal est un mauvais moment si :

1/ vous avez triché.

2/ vous n'avez rien préparé et c'est le bazar administratif. Je dois vous dire que sans mon épouse je ferais nettement moins le malin sur ce sujet compte tenu de ma phobie administrative génétique ! !

Voici ci-dessous la liste de tous les documents demandés par l'administration fiscale dans le cadre d'un contrôle sur pièces suite à la déclaration 2044 du contribuable et destinée à vérifier l'ensemble des éléments et leur cohérence.

Si vous n'avez rien préparé, rien classé, rien inventorié, listé alors cela va vite devenir un enfer administratif.

Je dois vous avouer, que je suis très mauvais pour la gestion des papiers... mais je me soigne et ma chère et tendre épouse veille pour deux ! !

Vous remarquerez que l'administration en profite également pour vous demander tous les justificatifs des « autres » sujets ! Si par exemple vous avez pris un jardinier ou une femme de ménages quelques heures, si vous avez déduit des dons, ou encore eu des frais de garde d'enfants ; le fisc en profite pour ratisser large et ne s'intéresse pas uniquement... à vos revenus fonciers... À bon entendeur... ! !

Détail de la demande

REVENUS 2015.
_ copie des contrats de location ;
_ justificatifs des loyers encaissés (quittances, attestations d'agences...) ;
_ justificatifs des frais de garde ;
_ justificatifs de l'emploi d'un salarié à domicile.

REVENUS 2016.
_ justificatifs des dons ;
_ justificatifs des frais de garde ;
_ justificatifs de l'emploi d'un salarié à domicile ;
        REVENUS FONCIERS :
_ justificatifs des loyers encaissés (quittances, attestations d'agences...) ;
_ justificatifs des frais d'administration et de gestion ;
_ justificatifs des primes d'assurance ;
_ justificatifs des dépenses de réparation, d'entretien ou d'amélioration ;
_ justificatifs des taxes foncières 2016 ;
_ justificatifs des provisions pour charges ;
_ justificatifs des intérêts d'emprunt.

La réponse aux questions de l'administration tient dans ce dossier de 2,4 kilos pesé sur ma balance de cuisine faisant foi sous l'œil très amusé des enfants qui se demandent encore pourquoi papa pèse des papiers en les prenant en photos ! !

LA RÈGLE CONTRARIENNE DU CONTRÔLE FISCAL

Il y a deux manières de voir ses relations avec l'administration fiscale, surtout maintenant que vous avez ce que l'on appelle le "droit à l'erreur".

Pour certains, un bon contrôle fiscal c'est quand il n'y a aucun redressement.

Pour d'autres, le bon contrôle fiscal c'est quand l'administration vous demande de payer des choses que vous n'aviez pas payées mais sans vous mettre de pénalités...

Vous imaginez bien que cette dernière attitude vous fait marcher sur un fil, mais un fil qui peut rapporter gros.

Ne soyez pas naïf, si vous mettez un gros déficit foncier, vous avez de fortes chances d'être contrôlé... alors soyez rigoureux.

Arnaque à l'insalubrité !

Voici le grand classique actuel ! ! ! Attention donc à ne pas vous faire piéger.

Pour ne pas payer son loyer "légalement" il n'y a rien de plus simple, il suffit de rendre votre logement totalement pourri et de contacter les services de l'État type ARS (Agence Régionale de Santé) qui va vite dépêcher des enquêteurs sur place.

Si jamais les services de l'État trouvent que votre logement est insalubre alors il y a un arrêté municipal qui est pris.

Dès lors, le locataire est en droit de ne plus payer son loyer tant que le propriétaire n'a pas remis le logement dans les conditions de décence prévues par la loi.

Le problème n'est pas que l'État lutte contre l'insalubrité et les marchands de sommeil, c'est une excellente chose, le problème, vous l'aurez bien compris, ce sont les abus dont font preuve certains locataires.

Cela veut dire qu'il est impératif de bien faire l'état des lieux car c'est bien l'état des lieux qui prouve et montre la bonne foi du propriétaire.

C'est l'état des lieux qui matérialise la réalité de l'état du logement.

Si les photos ne sont pas contresignées par votre locataire, elles ne "valent" rien ou presque !

L'idéel évidemment, c'est l'état des lieux par huissier car c'est incontestable, de même que les diagnostics établis par des tiers.

Chapitre III - la méthode infaillible pour éviter les loyers impayés

LE BAIL NOTARIÉ !
ARME ANTI-IMPAYÉ DE MASSE !

C'est quoi un bail notarié ?

C'est très simple, c'est un bail qui est fait par un notaire chez qui le propriétaire et le locataire vont aller le signer !

Alors vous me direz logiquement quelle est la différence entre un bail d'habitation « sous seing privé » c'est-à-dire signé de façon directe entre deux particuliers ou encore via une agence immobilière et un bail d'habitation notarié ?

Simple là encore, un bail d'habitation « sous seing privé » est établi directement par « les parties » et signé uniquement par elles. Sauf que ni vous ni moi si nous passons une annonce sur le Bon Coin ou sur le PAP ne sommes des professionnels du droit.

Le contrat risque de contenir des imprécisions ou des oublis, qui peuvent entrainer des conséquences juridiques non négligeables. Plus grave, d'ailleurs en cours de vie du bail, vous risquez d'oublier certaines formalités, ce qui sera encore pire s'il y a litige ou difficulté car le formalisme est fondamental dans de telles procédures.

Ensuite, comme j'ai déjà eu l'occasion de vous le dire la loi Alur, n'a pas vraiment simplifié les choses…Depuis le 1er août 2015 les baux à usage d'habitation à usage de résidence principale doivent désormais respecter un modèle de bail instauré par la loi ALUR (Accès au Logement et un Urbanisme Rénové)

Un bail notarié est réputé Authentique !

Le bail d'habitation notarié présente une supériorité sur le bail sous seing privé et possède plusieurs avantages liés à son caractère d'acte authentique.

La date est certaine, et il n'est pas contestable par les parties et possède une force probante !

Le bail notarié et j'en fais la « publicité » permet une sécurité juridique complète car le contenu de l'acte notarié n'est contestable que par le biais d'une procédure d'inscription de faux... ce qui va grandement compliquer la tâche du locataire ! !

Un bail notarié possède une force exécutoire !

C'est certainement le point le plus important, et LA raison pour laquelle passer par un bail notarié est une excellente idée, pour ne pas dire une idée indispensable !

Que signifie « force exécutoire » ?

Si vous, comme propriétaire, allez télécharger un formulaire de bail en tous points juridiquement valables et le signez « sous seing privé » au troquet du coin ou sur un coin de l'évier dans l'appartement que vous allez louer, et que votre locataire ne respecte plus ses engagements comme par exemple et au hasard le fait de ne plus payer son loyer, il vous faudra une décision de justice pour le contraindre. Impossible de faire une saisie conservatoire sur salaire ou encore sur la voiture par exemple ce qui peut évidemment avoir un effet très…. dissuasif !

Ensuite le fait de saisir un juge, cela prend du temps et le coût financier d'un avocat n'est pas négligeable, loin de là.

En présence d'un bail d'habitation notarié :

il est exécutoire de plein droit, c'est-à-dire que les parties peuvent le faire exécuter sans avoir préalablement recours à un juge. Grâce à la délivrance d'une copie exécutoire de l'acte vous pouvez directement vous adresser à un huissier de justice pour effectuer les saisies adéquates.

Le notaire va conseiller les parties et s'assurer du respect des obligations légales

Le notaire va étudier les situations respectives du propriétaire et du locataire, s'assure de l'équité entre eux. Il informe également les parties de leurs droits et de leurs devoirs. Dépôt de garantie, versement du premier loyer, présentation de tous les diagnostics immobiliers, obligation de louer un logement décent, ou encore les travaux d'entretien qui incombent à chacune des parties.

Le formalisme d'un bail notarié permet de mettre tout le monde au pas. Le côté exécutoire fait généralement fuir, les locataires malhonnêtes et spécialistes de l'exploitation des failles juridiques car ils iront là aussi au plus facile histoire de ne pas se faire saisir la télé et la voiture dans l'affaire.

Le notaire va pouvoir également concevoir un bail « sur-mesure » sans risquer de tomber dans la rédaction de clauses illicites qui peuvent avoir pour conséquences la nullité de votre bail et donc de votre créance.

Il vérifie les pièces d'état civil des parties en demandant aux mairies et aux autres organismes compétents les extraits d'actes de naissance et de mariage du bailleur et du locataire.

Il vérifie ainsi que les personnes sont bien capables juridiquement de contracter et ne font pas l'objet d'une mesure de protection (tutelle ou de curatelle).

Le notaire vérifie le titre de propriété du bien loué va gérer sans problème les formalismes liés aux indivisions ou aux biens immobiliers détenus en « démembrement de propriété ».

Une fois toutes les formalités effectuées, le notaire procède à l'enregistrement du bail.

Cet enregistrement est effectué auprès du service des impôts.

Le notaire délivre ensuite des copies du bail aux parties et une copie exécutoire au bailleur pour lui permettre une exécution rapide du contrat en cas de conflit. Et cela fera toute la différence !

Si c'est si génial que cela pourquoi le bail notarié n'est pas systématique ?

Pour plusieurs raisons. D'abord, le marché de la location est très important pour les agences immobilières, si les agences immobilières commencent à parler des bienfaits du bail notarié c'en est fini et terminé de leur modèle économique sur la gestion locative ! !

Ensuite, le bail notarié c'est long à mettre en œuvre ! On ne peut pas signer le bail en 5 minutes chrono ! Il faut que le notaire dispose de tous les documents et fasse toutes les « diligences » nécessaires... et cela va prendre plusieurs semaines. Autant dire que votre locataire s'il est pressé peut s'enfuir 100 fois. Ce n'est parfois pas si simple que cela.

Il y a également le fait que si votre bien est à la limite de la salubrité, votre notaire ne voudra pas prendre le risque d'établir un bail sur cette maison ou appartement et peut donc vous refuser ce bail notarié.

Enfin, cela a un coût qui est plus important que les frais que prennent les agences immobilières eux-mêmes nettement plus élevés que le fait d'établir votre bail vous-même directement en utilisant un bail pré-imprimé en vente pour quelques euros et généralement bien fait... si tout se passe très bien et que vous respectez parfaitement le formalisme nécessaire sur la totalité de la procédure (et ce n'est pas gagné).

Passer par son notaire est donc onéreux et long... mais c'est le prix de la tranquillité.

LES 3 ASSURANCES À CONNAITRE...

L'assurance emprunteur, l'assurance Loyers Impayés, et l'assurance propriétaire non occupants, ou PNO sont les trois assurances à souscrire impérativement. En tous cas, je vous invite fortement à le considérer, même si cela facialement diminue votre rentabilité.

Comparer un seul impayé de 10 000 euros entre les frais de procédure, les dégâts occasionnés et les pertes de loyers correspondants à des décennies de primes annuelles d'assurance.

L'assurance Emprunteur...

L'assurance de prêt, aussi appelée garantie emprunteur, est une assurance liée à la souscription d'un crédit immobilier.

Elle n'est pas obligatoire mais elle est généralement toujours exigée par les banques.

À quoi sert l'assurance de prêt ? Son rôle est de protéger l'emprunteur et de sécuriser le montant emprunté :

Elle rembourse à la banque le capital restant dû en cas de décès ou de perte totale et irréversible d'autonomie de l'emprunteur ; elle prend le relais de ses mensualités en cas d'incapacité (arrêt de travail), ou d'invalidité.

Une assurance emprunteur est souvent proposée par la banque, conjointement à son offre de prêt (on parle alors d'assurance « groupe »).

Cependant, grâce à la loi Lagarde (septembre 2010) et à la loi de séparation et de régulation des activités bancaires (juillet 2013), il est possible de souscrire indépendamment une assurance de prêt externe, chez un assureur spécialiste de la garantie emprunteur.

Les garanties essentielles :

DC / Décès : c'est la garantie fondamentale d'une assurance emprunteur ; elle intervient si l'emprunteur assuré décède, accidentellement ou suite à une maladie.

PTIA / Perte Totale et Irréversible d'Autonomie : elle correspond à un état d'invalidité à 100% ; l'assuré en situation de PTIA a besoin d'une aide quotidienne pour réaliser les actes de la vie courante et n'est plus capable d'exercer toute activité lucrative.

Les garanties additionnelles :

IPT / Invalidité Permanente Totale : un assuré en IPT est dans l'impossibilité d'exercer une activité professionnelle ; il présente un taux d'invalidité supérieur ou égal à 66%.

IPP / L'Invalidité Permanente Partielle : un assuré en IPP est en capacité d'exercer une activité professionnelle : il présente un taux d'invalidité compris entre 33% et 65%.

ITT/ Interruption Temporaire de Travail / Arrêt de travail : l'assuré est considéré en ITT s'il est en arrêt de travail et ne peut donc plus exercer provisoirement son activité professionnelle suite à un accident ou une maladie.

La loi Hamon de 2014 permet de résilier son assurance de prêt tout au long de la première année de souscription du contrat, en respectant un délai de préavis de 15 jours avant la fin de la période de 12 mois.

Depuis janvier 2018, l'amendement dit « Bourquin » permet de résilier son assurance de prêt chaque année, à la date d'échéance du contrat. La lettre de résiliation du contrat d'assurance doit être envoyée à la banque ou au précédent assureur au moins 2 mois avant la date d'échéance du contrat.

L'assurance loyers impayés !

Il existe plusieurs types d'assurances de loyers impayés mais en gros une ALI ou assurance loyers impayés est un contrat qui a pour objet de couvrir les conséquences financières et matérielles qui peuvent surgir dans le cadre des rapports locatifs, par suite de la défaillance du locataire dans le paiement de ses loyers, charges et autres obligations légales qui lui incombent.

Un contrat d'assurance loyer impayé se compose de plusieurs garanties bien distinctes et vous devez vérifier exactement pour quoi vous être couvert en cas de souscription d'un tel contrat.

- Les loyers impayés
- Les recours suite à loyers impayés ou dégradations locatives
- La Protection juridique locative
- Les Dégradations locatives

Évidemment un contrat complet dispose de toutes ces garanties.

J'ai fait pour vous le tour du marché, j'ai regardé les prix, j'ai écouté les avis des uns et des autres, et j'ai aussi disons-le expérimenté à tire personnel ! !

Je n'ai pas d'action chez eux, je ne suis pas rémunéré par leurs soins et si vous faites une recherche sur Internet vous allez plutôt rapidement tomber sur une compagnie du nom de INSURED, en fait le nom vous le verrez plus tard, car les produits *insured* sont vendus par tout un tas de sites.

Je ne dis pas qu'ils sont mauvais, mais je vois surtout que c'est une compagnie qui n'étudie pas les dossiers ! ! ! Cela a une implication très grande. En cas de sinistre la compagnie aura tout loisir de vous dire que vous avez choisi... un mauvais locataire ! C'est donc à mon sens un fonctionnement rédhibitoire.

La compagnie la plus sérieuse actuellement sur le marché avec le meilleur rapport qualité prix, qui agit avec transparence, valide les dossiers des locataires et prend donc le risque, et donc les tarifs ne sont pas délirants c'est la SACCAP ! J'en avais déjà parlé.

Les conditions d'éligibilité à une ALI

- Biens situés en France Métropolitaine.
- Nouveaux locataires et locataires en place depuis moins de 6 mois :
- Le taux d'effort (loyer/revenu fiscal) du locataire ne doit pas dépasser 37%.
- Cependant, si l'un des candidats locataires occupe un emploi en CDD, en INTÉRIM ou est intermittent du spectacle, le montant du loyer charges comprises ne devra pas excéder 33% de son (leur) revenu net global annuel.
- Locataire en place depuis plus de 6 mois : le locataire doit être à jour de ses obligations et sans incident de paiement, ni de règlements opérés majoritairement par remise d'espèces au cours des

6 derniers mois ou depuis son entrée dans les lieux.

Tripatouilleurs de tous les pays, en cas d'assurance loyers impayés, oubliez les règlements en espèces Ils sont très mauvais signe et indique une fragilité de vos locataires. Des paiements en espèces pour un loyer, cela se termine généralement devant un tribunal ! Et aussi par un contrôle fiscal.

LA GARANTIE VISALE

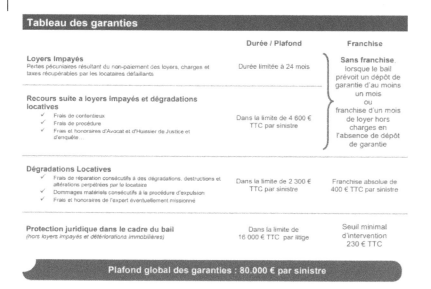

Tableau des garanties	Durée / Plafond	Franchise
Loyers Impayés Pertes pécuniaires résultant du non-paiement des loyers, charges et taxes récupérables par les locataires défaillants	Durée limitée à 24 mois	Sans franchise lorsque le bail prévoit un dépôt de garantie d'au moins un mois ou franchise d'un mois de loyer hors charges en l'absence de dépôt de garantie
Recours suite a loyers impayés et dégradations locatives ✓ Frais de contentieux ✓ Frais de procédure ✓ Frais et honoraires d'Avocat et d'Huissier de Justice et d'enquête ...	Dans la limite de 4 600 € TTC par sinistre	
Dégradations Locatives ✓ Frais de réparation consécutifs à des dégradations, destructions et altérations perpétrées par le locataire ✓ Dommages matériels consécutifs à la procédure d'expulsion ✓ Frais et honoraires de l'expert éventuellement missionné	Dans la limite de 2 300 € TTC par sinistre	Franchise absolue de 400 € TTC par sinistre
Protection juridique dans le cadre du bail *(hors loyers impayés et détériorations immobilières)*	Dans la limite de 16 000 € TTC par litige	Seuil minimal d'intervention 230 € TTC

Plafond global des garanties : 80.000 € par sinistre

La garantie de loyer gratuite pour les jeunes... et les moins jeunes ! ! À demander systématiquement à vos locataires.

Le locataire

- J'ai entre 18 et 30 ans : quelle que soit ma situation professionnelle.
- J'ai plus de 30 ans et je suis salarié(e) d'une entreprise du secteur privé ou agricole (ou titulaire d'une promesse d'embauche) et ma demande de garantie VISALE intervient :
  - Jusqu'à 6 mois après ma prise de fonction (hors CDI confirmé),
  - Jusqu'à 6 mois après ma mutation.

Si l'un des titulaires du bail est éligible, l'ensemble du ménage locataire peut bénéficier de Visale.

Les titulaires du bail mobilité et les ménages logés dans le cadre de l'intermédiation locative peuvent également bénéficier de Visale.

Le bail

Est conforme à la loi n°89-462 du 6 juillet 1989.

- A un loyer charges comprises maximum de 1300€ (1500€ en Ile de France).
- N'est pas couvert par d'autres garanties (caution personne physique ou assurance).
- N'est pas conclu entre les membres d'une même famille.
- En cas de colocation, est individualisé pour chaque colocataire.

Le bail doit être signé après l'obtention du contrat de cautionnement Visale (et avant la fin de validité du visa du locataire).

Le logement

- Constitue la résidence principale du locataire (sauf si bail mobilité).
- Est loué vide ou meublé.
- Est un logement locatif privé non conventionné (sauf ANAH et PLS).
- Est situé sur le territoire français (métropole, DROM hors COM).

  Pour les étudiants et alternants, le logement peut aussi être conventionné APL ou situé dans une résidence étudiante ou universitaire

Les ressources du ménage locataire

- Déterminent le loyer maximum garanti par Action Logement.
- Doivent être justifiées au moment de la demande de visa.
- Le loyer maximum charges comprises est égal à :
  - 50% des ressources mensuelles déclarées.
  - 600€ pour les étudiants et alternants sans justification (800€ en Ile de France).
- Le loyer maximum est renseigné sur le visa du locataire.

Tous les renseignements nécessaires ET les formulaires pour obtenir les garanties sont sur le site *www.visale.fr*

La PNO ou l'assurance Propriétaire non occupant. Une assurance peu coûteuse et qui peut vous sauver !

La PNO signifie Propriétaire non occupant et comme son nom l'indique, c'est une assurance pour propriétaire non occupant ! !

En théorie et sauf cas particulier comme pour les meublés, pour lesquels si ce n'est pas prévu au bail l'assurance n'est pas obligatoire pour le locataire, votre locataire, se doit de souscrire une assurance multirisque habitation et vous en communiquer chaque année l'attestation.

Dans la pratique et dans la vraie vie, si votre locataire se doit d'être assuré, dans les faits, généralement avant de ne plus pouvoir payer son loyer on commence par ne plus payer son assurance et l'on se retrouve non assuré avec un contrat résilié pour non-paiement de la prime.

Dans la vraie vie, on peut même avoir un locataire qui oublie de bonne foi de régler sa cotisation.

Dans la vraie vie, votre locataire peut avoir souscrit une mauvaise assurance qui va peu ou mal couvrir les dégâts que vous aurez à subir.

Dans la vraie vie, vous pouvez également avoir une période de vacance entre deux locataires... et en l'absence de locataire, cela signifie que votre bien n'est plus... assuré ! Gênant en cas de sinistre. Vous n'auriez plus que vos yeux pour pleurer.

Enfin n'oublions pas les risques de dégradation et de vandalisme... surtout pour les biens vacants !

Bref, la PNO cette assurance que vous pouvez et devez (mais nous le verrons un peu plus bas) souscrire viendra en complément dans tous les cas que je viens de citer et vous couvrira si un sinistre devait se produire.

C'est une assurance patrimonialement indispensable surtout si votre loyer est indispensable au remboursement d'un crédit immobilier ou encore vient en complément de votre retraite !

La PNO n'est pas une assurance très onéreuse, et vous vous en sortirez en fonction de la taille du bien, de sa localisation et du contenu que vous souhaiterez assurer pour un prix généralement compris entre 100 et 200 euros annuels.

Cela viendra réduire un peu plus et écorner encore votre rendement locatif certes mais vous n'avez pas vraiment le choix car sachez que...

En réalité la PNO est... obligatoire ! !

Et ce n'est pas de ma faute ! ! ! Mais oui, c'est obligatoire. C'est une des multiples dispositions de la loi Alur. En annexe tout à la fin vous avez le lien pour aller télécharger la totalité de la loi Alur et ses centaines de pages qui vous occuperont pendant les longues soirées d'hiver ! !

Vous allez directement à l'article 58

« Art. 9-1. - Chaque copropriétaire est tenu de s'assurer contre les risques de responsabilité civile dont il doit répondre en sa qualité soit de copropriétaire occupant, soit de copropriétaire non-occupant. Chaque syndicat de copropriétaires est tenu de s'assurer contre les risques de responsabilité civile dont il doit répondre. »

Si le législateur n'a pas souhaité mettre dans la loi de sanctions spécifiques à l'égard des propriétaires qui ne s'assureraient pas, il n'en reste pas moins, que vous avez très clairement intérêt à le faire.

Souvent, patrimonialement les erreurs proviennent du fait que l'on veut ne pas « s'embêter » ou ne pas trop dépenser !

La garantie par des tiers !

La bonne question à vous poser n'est pas de savoir si vous allez avoir des problèmes avec vos locataires, mais .... quand ! ! !

Il faut donc tout organiser et gérer de telle manière à prendre en considération les problèmes qui vont se poser avant qu'ils ne se posent et de vous organiser en conséquence.

Par exemple, si vous souhaitez faire l'état des lieux vous-même, vous prenez un risque en "gagnant" 200 ou 300 euros de plus que vous risquez de perdre 100 fois en cas de problème. Un tiers est par définition plus crédible que "vous", puisqu'il n'est pas juge et partie. C'est encore mieux si c'est un huissier.

Si vous avez un gestionnaire immobilier sachez qu'il n'a pas le droit de gérer ou de louer un logement insalubre, si vous êtes mis en cause pour cela, lui aussi le sera et il sera très motivé pour se sortir de ce mauvais pas.

Bref, il faut vous organiser en amont pour éviter les problèmes, pacifier vos relations avec les locataires, voire, ne pas les gérer vous-même en direct par exemple.

Ce sont des questions très concrètes qu'il faut savoir se poser.

En revanche ne déléguez jamais le choix de votre locataire.

Si vous prenez un gestionnaire, son intérêt c'est de louer vite, y compris au premier venu plutôt que de se trainer votre bien 3 mois et d'y faire 50 visites... pour gagner 300 euros ! ! !

Or, pour vous, c'est le choix du meilleur locataire qui fera la différence.

CONSTATS, ÉTAT DES LIEUX, SIGNIFICATIONS, COMMANDEMENT À PAYER ET AUTRES SAISIES PAR L'HUISSIER !

Bon soyons rapide et concis, l'huissier c'est un officier public et il a seul compétence pour faire appliquer certaines décisions de justice. Le recours à l'huissier est presque obligatoire dans une procédure immobilière contentieuse. Avoir un bon huissier dans sa besace est toujours très précieux !

Voilà les 3 grandes choses que l'huissier va pouvoir faire pour vous, et croyez-moi c'est beaucoup. N'oubliez pas un huissier est une profession indépendante et libérale, vous allez devenir « client » de votre huissier. Plus vous êtes un bon client, et bien… plus vous êtes un bon client ! C'est un principe vieux comme le monde, même pour les professions réglementées.

État des lieux par huissier

Le locataire et le propriétaire peuvent, conjointement ou unilatéralement, mandater un huissier dans le cadre d'un état des lieux à l'amiable, pour prévenir tout contentieux ultérieur.

Dans ce cas de figure, les honoraires sont librement fixés par l'huissier. Ils sont assumés par la partie qui a sollicité son intervention ou partagés si la demande est conjointe. Le montant imputable au locataire reste cependant toujours plafonné à 3€ par m² (article 2 du décret n° 2014-890 du 1ᵉʳ août 2014).

De vous à moi, l'état des lieux par huissier c'est indispensable. Pour éviter un contentieux il faut se préparer comme s'il allait avoir lieux ! !

Commandement de payer par huissier

Le commandement de payer ordonne au débiteur de régler sa dette ; à défaut de paiement, les mesures d'exécution forcée sont engagées à son encontre.

L'huissier est l'acteur principal des procédures visant à faire exécuter un droit reconnu ; préalablement à toute procédure d'exécution forcée, il délivre au débiteur un commandement de payer.

Saisie conservatoire

La saisie conservatoire est une saisie à caractère provisoire portant sur les biens mobiliers d'un débiteur. Elle apporte une garantie au créancier avant que ne soit prononcé le jugement condamnant son débiteur à payer sa créance. La saisie conservatoire est possible dans le respect des conditions et formalités prévues par la loi.

La saisie conservatoire c'est très pratique et très dissuasif, surtout quand on a un bail notarié qui permet de ne pas passer par la case Justice.

LOUEZ À LA PRÉFECTURE DE POLICE QUI GARANTIT LES LOYERS SANS FRANCHISE, SANS CARENCE ET GRATUITEMENT !

L'un des bons plans pour celles et ceux qui investissent en Ile-de-France c'est de louer aux… policiers ! C'est un mécanisme assez peu connu, mais en passant par la Préfecture de Police de Paris, vous aurez des policiers comme locataires, et les services de la préfecture se porteront garants. Évidemment en contrepartie il vous faudra afficher un niveau de loyer plus bas que ceux pratiqués sur le marché et évidemment avoir un appartement à louer dans un quartier pas trop pourri de préférence car les policiers ont un gros problème… un immense problème…

A Paris, leurs salaires relativement modestes les obligent souvent à loger dans les quartiers où ils doivent arrêter des méchants bandits… du coup la qualité de la vie privée en prend un coup !

C'est la raison fondamentale qui explique, même si ce n'est pas dit ouvertement pour toutes les raisons politiquement correctes, que l'on peut aisément deviner.

Chaque année c'est 4500 fonctionnaires du Ministère de l'intérieur qui déposent une demande au bureau logement. Largement de quoi donc louer votre appartement ! ! !

Voici ce qui est dit sur le site de la préfecture de police

Vous êtes propriétaire en Ile-de-France ? Louez votre logement en toute sérénité et sécurisez le paiement du loyer en logeant un fonctionnaire du ministère de l'intérieur ou de la préfecture de police.

Quels sont vos avantages ?

Vous bénéficiez d'une garantie de paiement de votre loyer, sans franchise ni délai de carence.

Aucun frais de dossier ne vous est demandé.

Aucun engagement d'exclusivité avec la préfecture de police :

Vous restez libre de proposer votre logement à la location par d'autres moyens (annonce, agences immobilières...).

Vous pouvez vous désister sans frais et de façon immédiate.

Votre proposition de logement est diffusée à l'ensemble des personnels du ministère de l'intérieur et de la préfecture de police.

Un contrat de bail vous est présenté.

Comment fonctionne la garantie des loyers ?

Vous percevez directement le loyer et les charges de votre locataire. En cas d'impayés, sur simple signalement au bureau du logement, la préfecture de police vous rembourse les loyers et charges dus jusqu'à ce que le locataire libère les lieux ou jusqu'à la fin du bail.

Aucune franchise ni délai de carence ne vous sont imposés. Vous êtes intégralement remboursé .

À quels critères votre logement doit-il répondre ?

Avoir une superficie de plus de 16m².

Etre situé en Ile-de-France.

Etre disponible au plus tard dans les trois mois à compter de la diffusion de l'offre.

Les informations sur les caractéristiques de votre logement et un justificatif de propriété vous seront demandés.

En fonction de vos exigences, une légère diminution du loyer pourra être négociée en contrepartie de l'offre de garantie de paiement du loyer.

Mes conseils personnels

Vous pouvez contacter le bureau logement au 0 800 47 98 13 (appel gratuit depuis un téléphone fixe) ou aller sur le site internet de la Préfecture de Police de Paris donc vous avez l'adresse ci-dessous.

Petit conseil maison, vous avez intérêt à être également très formels avec vos futurs locataires qui seront des policiers. Ils connaissent le droit, et parfois vous tomberez sur des gens tatillons, voir, qui peuvent ne pas hésiter à faire pression sur vous en abusant parfois un peu de leurs titres ou fonctions.

Généralement, un petit courrier bien senti au bureau du logement permet de remettre les pendules à l'heure.

Prenez beaucoup de photos, et faites faire l'état des lieux par un huissier... encore une fois en face de vous vous avez un policier « assermenté », alors face à un assermenté.... Opposez un autre assermenté. Cela permet de partir sur de bonnes bases et la Préfecture vous garantissant les loyers, inutile de souscrire à une ALI, donc ne radinez pas sur l'état des lieux par huissier.

Source site de la Préfecture de Police de Paris[20]

---

[20] https://www.prefecturedepolice.interieur.gouv.fr/Nous-connaitre/Services-et-missions/Missions-de-soutien/La-direction-des-ressources-humaines/Proprietaires-la-prefecture-de-police-garantit-le-paiement-de-vos-loyers

LOUEZ À L'ARMÉE !

L'avantage des militaires c'est qu'ils touchent une solde et qu'ils sont fonctionnaires, c'est donc l'une des façons « légales » de faire de la discrimination positive en ne louant qu'à des fonctionnaires.

Pour cela il faut vous rapprocher des bureaux des logements de votre région afin de leur proposer votre bien à la location et voir si les conditions tarifaires proposées aux armées peuvent vous convenir.

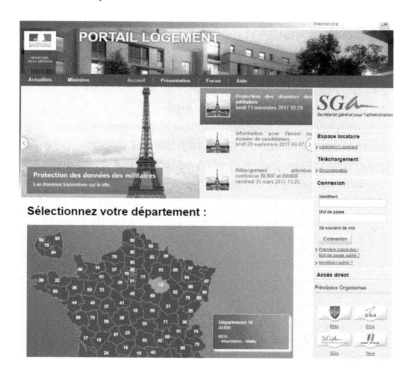

Ce qu'il ne faut pas oublier !

Faire signer les diagnostiques immobiliers obligatoires lorsque le bail n'est pas notarié.

Faire signer ou signifier l'état des lieux ainsi que les photos. L'idéal reste toujours le constat d'huissier.

Demander à votre locataire son attestation de MRH (multirisques habitation) tous les ans et pas uniquement lors de la signature du bail !

Demander à votre locataire, en cas de présence d'une cheminée ou poêle à bois ou à granulés, le certificat de ramonage annuel.

Émettre chaque mois un avis d'échéance avant le paiement du loyer.

Émettre chaque mois une quittance de loyer.

Portail logement de l'armée pour trouver les coordonnées proches de chez vous.[21]

---

[21] https://portail-logement.sga.defense.gouv.fr/

LES DIAGNOSTICS IMMOBILIERS

Is sont obligatoires aussi bien à la vente qu'à la location, et ils sont différents dans chaque cas (location ou vente).

Il ne faut pas se tromper.

En cas de location, ils doivent être annexés au bail et signés par votre ou vos locataires afin de pouvoir prouver sans ambigüité que les locataires les ont bien reçus et qu'ils en ont bien pris connaissance. Prenez soin de faire parapher chaque page des diagnostics.

N'oubliez pas non plus, que si vous pouvez réutiliser les diagnostics dans les limites de temps fixées dans les tableaux ci-dessous, chaque diagnostics, encore plus dans le cadre d'une location, doivent-être à votre nom de propriétaire bailleur.

Quelle est la validité des diagnostics immobiliers pour une vente ?

Validité Diagnostic Amiante	Illimité si négatif	Décret n° 96-97
Validité DPE pour vente - Diagnostic de Performance Énergétique	10 ans	Décret n° 2011-413

Validité Loi Carrez	Sans limite tant que de nouveaux travaux ne sont pas effectués	Loi n° 96-1107
Validité Diagnostic Électricité	3 ans	Art. R. 271-5 du CCH
Validité Diagnostic Plomb (CREP)	1 an si positif, si négatif illimité	Décret n° 2006-1653 ; Art 4
Validité ESRIS (État des Servitudes Risques et d'Information sur les Sols)	6 mois	Décret n° 2005-134 ; art 4
Validité Diagnostic Gaz	3 ans	Art. R. 271-5 du CCH
Validité Diagnostic Termites	6 mois	Art. R. 271-5 du CCH

Quelle est la validité des diagnostics pour une location ?

Validité Loi Boutin (Surface habitable)	Sans limite (tant que de nouveaux travaux ne sont pas effectués)	Loi n° 96-1107
Diagnostic Plomb Validité (CREP)	6 ans si positif, si négatif illimité	Décret n° 2006-1653 ; Art 4
Durée Validité Diagnostic Amiante des Parties Privatives (DAPP)	Illimité	Décret n° 96-97
Validité État des Risques et Pollutions (ERP)	6 mois	Décret n° 2005-134 ; art 4
Validité Diagnostic Électricité	6 ans	Décret n° 2016-1105

Validité Diagnostic Gaz	6 ans	Décret n° 2016-1104

Pour en savoir plus sur les diagnostics immobiliers vous pouvez consulter le site des Notaires.[22]

---

[22] https://www.notaires.fr/fr/immobilier-fiscalit%C3%A9/diagnostics/les-diagnostics-techniques-immobiliers

CE QU'IL NE FAUT PAS OUBLIER !

1/ Faire signer les diagnostics immobiliers obligatoires lorsque le bail n'est pas notarié.

2/ Faire signer ou signifier l'état des lieux ainsi que les photos. L'idéal reste toujours le constat d'huissier.

3/ Demander à votre locataire son attestation de MRH (multirisques habitation) tous les ans et pas uniquement lors de la signature du bail !

4/ Demander à votre locataire en cas de présence d'une cheminée ou poêle à bois ou à granule, le certificat de ramonage annuel.

5/ Émettre chaque mois un avis d'échéance avant le paiement du loyer.

6/ Émettre chaque mois une quittance de loyers.

7/ La visite annuelle de contrôle. C'est un droit du propriétaire. Pensez à le mentionner au bail. Vous avez le droit de conserver le double des clefs, mais pas le droit de les utiliser !

8/ La méthode Mayer ! !

Virer son locataire avec des gros bras qui cassent les rotules c'est évidemment interdit par la loi, et si certains le font, je ne peux pas vous conseiller ce genre de méthodes expéditives que je ne cautionne pas. D'où l'importance des multiples assurances dont nous avons parlé.

Néanmoins, entre ne rien faire, et tenter certaines choses, sans tomber dans la violence aveugle il y a des manières « limites » mais acceptables de mettre la pression sur les locataires ou de trouver un accord plus ou moins amiables avec eux.

C'est tout simple, mais les aider à déménager fait parfois gagner du temps et beaucoup d'argent, de même qu'une remise sur les loyers restants dus.

Il faut parfois savoir perdre et aider un locataire à partir pour reprendre possession de son bien plus rapidement.

Regardez ce reportage, il alimentera votre réflexion. C'est la méthode dite « Mayer » !

Vidéo sur YouTube *https://youtu.be/EiO9IQ_ov_8*

CONCLUSION

A près la lecture de ce dossier j'espère que vous serez mieux armé pour affronter un marché immobilier qui est complexe et difficile pour les investisseurs particuliers qui n'ont pas à leur disposition une batterie de juristes travaillant pour eux à temps plein.

Le maître mot, c'est que si vous voulez devenir un investisseur immobilier averti il va falloir vous professionnaliser.

Vous professionnaliser cela veut dire déjà changer l'état d'esprit sur deux paramètres fondamentaux et qui sont à la base généralement des erreurs patrimoniales :

L'appât du gain

La paresse !

N'y voyez aucun jugement de valeur de ma part. Loin de là car il s'agit-là du fruit de l'expérience. Nous avons tous voulu à un moment ou un autre gagner un peu plus d'argent et souvent cela se termine mal.

De la même façon, nous avons tous voulu, par paresse ou par facilité économiser un peu de temps ou diminuer nos efforts ou nos peines.

Si nous voulons trop gagner, nous prenons le premier locataire pour que le bien reste le moins longtemps possible vacant, même si ce n'est pas le meilleur des dossiers. Pour gagner plus on fait le bail soi-même. On ne passe pas par un notaire qui vous demande des quantités astronomiques de papiers avant de faire signer ledit bail.

Quand on veut gagner un peu plus ou ne pas perdre de temps, on va évidemment éviter de prendre une assurance loyers impayés…

En se disant, allez, cela passe, ça ira bien ! ! Je sais faire… et le sinistre arrivera. Vous n'échapperez pas aux locataires indélicats, car cela fait partie intégrante de l'activité même de bailleurs.

Vous pouvez le regretter, vous roulez par terre, crier à l'injustice, peu importe, c'est un fait, c'est comme ça. C'est le marché immobilier qui est ainsi. Si vous voulez faire de la location immobilière, vous devez fonctionner en fonction des règles de fonctionnement de votre marché et de ses réalités ! Pas de ce que vous souhaiteriez.

L'équation de la tranquillité locative !

Il y a donc une équation à la tranquillité immobilière.

Cette équation part du principe que vous devez agir comme un professionnel et en cas de problème la justice attendra de vous que vous ayez agi comme ce que je qualifie de quasi-professionnel. Une notion qui si elle n'existe pas juridiquement dans les textes existe dans les faits. Votre responsabilité sera toujours engagée. Et comme un voiture contre un piéton, vous aurez systématiquement tort selon le principe que l'on protège le faible contre le fort ce qui est somme toute assez compréhensible.

$$TL = BN + ALI + CH + PNO$$

TL = Tranquillité Locative

BN = Bail Notarié (1%)

ALI = Assurance Loyers Impayés (3%)

CH = Constat d'Huissier pour l'état des lieux d'entrée et de sortie (0.5%)

PNO = Assurance Propriétaire Non Occupant (1.5%).

Cette stratégie locative résumée dans cette équation a un coût et les pourcentages que je donne sont un peu supérieurs à ce que vous trouverez sur le marché !

Ce coût est de **TL** = 1% + 3% + 0.5% + 1.5%

Total coût **TL** = 6% la première année de votre revenu locatif. Pour la seconde année, vous n'aurez pas le coût du bail notarié, ni le coût du constat d'huissier.

Votre coût de Tranquillité ne sera plus que de 4,5% de votre loyer annuel.

N'oubliez pas que le coût moyen d'un impayé de loyer du début jusqu'à l'expulsion locative et en prenant en compte les dégâts est de 20 000 euros en moyenne. Cette moyenne ne tient pas compte de votre préjudice moral, à savoir les nuits blanches que vous allez passer, les soucis que cela va vous créer et bien évidemment le temps que vous allez passer à préparer des dossiers et à aller voir un juge.

4,5% contre 20 000 euros... à vous de voir où vous placerez votre curseur, mais après la lecture de ce dossier, vous ne pourrez plus dire.... Je ne savais comment faire !

Vous voilà (presque) armé pour affronter le marché de l'investissement locatif. Je vous souhaite de réussir à développer et exploiter votre patrimoine comme vous en rêviez !

Si vous voulez faire de l'immobilier, vous gagnerez de l'argent malgré une fiscalité lourde, parce que vous allez créer du patrimoine à partir d'argent que vous n'avez pas.

LES 10 COMMANDEMENTS DE L'IMMOBILIER

1/ l'Emplacement tu privilégieras.

2/ Le cash-flow tu regarderas

3/ Les avantages fiscaux tu ignoreras

4/ Tes biens tu entretiendras et les travaux tu feras.

5/ A la liquidité des biens tu penseras

6/ De l'appât du gain tu te méfieras

7/ Des biens sous-évalués tu achèteras

8/ Jamais tu ne te précipiteras, et le temps de la négociation tu prendras.

9/ Des liquidités pour faire face aux difficultés tu garderas.

10/ Savoir arbitrer - Savoir choisir la structure juridique appropriée

Consacrer du temps à votre activité immobilière et la voir comme une passion rentable !

Mais, cela va vous prendre du temps et vous devez être prêt à consacrer à cette activité autant de temps que vous le feriez non pas pour vôtre véritable métier mais pour une passion.

Plutôt que d'aller 2 ou 3 fois par semaine au club d'échecs, ou à la poterie, vous pouvez vous occuper de votre patrimoine immobilier. C'est de cette façon-là qu'il faut voir les choses.

Certes quand on va au club d'échec on ne subit aucune fiscalité, mais hormis le plaisir (important) que l'on peut prendre à jouer, c'est un loisir qui n'a pas vocation à vous rapporter de l'argent ou à vous permettre de créer du patrimoine.

Pourquoi je compare cela à une activité de loisir ? Parce qu'il est indispensable d'y prendre du plaisir et de vivre cela comme une aventure faite de hauts et de bas, de difficultés et de défis.

Il y faut de la passion, du plaisir, et beaucoup de méthode, sinon, comme beaucoup de propriétaires le risque est de jeter l'éponge trop vite et dans de mauvaises conditions.

Souvenez-vous de Monsieur Mayer. Peu importe la manière dont vous jugez ou pas le bonhomme, il gère ses affaires, y prend du plaisir, en a fait un métier à part entière et les soucis il les gère comme des « dossiers » quotidiens et normaux faisant partis des « affaires » !

Bon courage à tous dans vos investissements.

AVERTISSEMENT !

NOUS N'AVONS PAS LES COMPÉTENCES, NI LES CONNAISSANCES, NI LE DROIT DE VOUS DONNER QUELQUES CONSEILS QUE CE SOIT. CE DOCUMENT NE CONSTITUE PAS UNE INCITATION À INVESTIR ET ENCORE MOINS UN CONSEIL PERSONNALISE.

L'ensemble des informations, données ou opinions formulées ou exprimées dans ce document sont, par nature, génériques et générales.

Elles ne constituent en aucune manière une incitation à investir, acheter ou réaliser des transactions.

Rapprochez-vous de votre banquier ou de votre conseiller en gestion de patrimoine dûment habilité par les autorités compétentes à vous délivrer le meilleur conseil en fonction de votre situation.

Pour les placements financiers, dans tous les cas, n'oubliez jamais, tout investissement en actions est risqué par nature. Dans le pire des cas, si la société fait faillite, vous pouvez perdre la totalité de votre investissement.

Pour les aspects entrepreneuriaux, consultez un avocat, un expert-comptable, une association agréée et de façon générale, tous les professionnels dûment habilités par le gouvernement à travers des autorisations et autres diplômes donnant droits à donner un conseil avisé et éclairé ! ! !

Restez toujours prudent et raisonnable.

Blablablablablabla... Bref, n'oubliez pas la règle de prudence de mon pépé : "Quand il y a un doute, il n'y a pas de doute."

Télécharger la loi Alur sur le site LégiFrance[23]

Dispositions générales Sacapp[24]

Résumé d'une procédure de mise en impayés Sacapp[25]

---

[23]
https://www.legifrance.gouv.fr/affichTexte.do?cidTexte=JORFTEXT000 028772256&categorieLien=id

[24] http://www.sacapp.com/wp-content/uploads/2017/01/dispositions_generales_ali_sacapp-madp-170101.pdf

[25] http://www.sacapp.com/wp-content/uploads/2016/11/Procedure_Sinistre_complete_SACAPP.pdf

Le Retour aux Sources éditeur

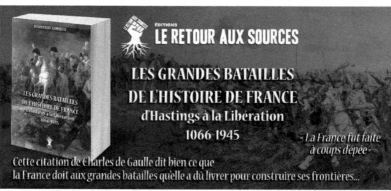

Lightning Source UK Ltd.
Milton Keynes UK
UKHW020653191121
394250UK00009B/674